財務諸表論を学ぶための
会計用語集

田中　弘

税務経理協会

読者の皆さんへのメッセージ

　会計学（財務諸表論，財務会計論）の勉強は，入門から初級へ，初級から中級へ，中級から上級へと3段階のステップがあるようです。

　勉強をはじめた頃は，「知らない用語」がたくさんでてきます。覚えようと必死になっても，覚えたはしから忘れてしまい，焦ってしまうものです。初学者には，どの用語が重要でどの用語は重要でないかはわかりませんから，がむしゃらに覚えようとしますが，後から考えますと，ずいぶん無駄をしていることがわかります。

　少し勉強が進みますと，「見たことがある」「何となく記憶がある」用語に出会うことが多くなります。専門用語（テクニカル・ターム）を「知っている」という安心感はあるのですが，いざ，卒論や修士論文，試験の答案を書くときに使おうとすると，「正しく使う」ことができずに悩みます。

　さらに勉強が進みますと，一つ一つの専門用語の意味はわかるのですが，用語の使い方，使い分けがどうなっているのか，また，昔の会計基準や商法での使い方は知っているけど，新しい基準や会社法ではどうなっているのか，ちょっと心許ない，ということもあるでしょう。

会計用語の使い分けをわかりやすく解説

　たとえば，つぎのような用語を正しく使いわけることができますか。日常でも使う簡単なことばですが，会計学の世界では，かなり厳密な使い分けをします。

「原価」と「費用」と「損失」
「企業」と「会社」
「消費」と「費消」
「広告」と「公告」

　もう少し専門的な用語（テクニカル・ターム）はどうでしょうか。

「剰余金の処分」と「剰余金の配当」
「引当金」「準備金」「剰余金」「積立金」の違い
「積み立てる」と「引き当てる」の違い

　本書は，初めて会計学を学ぶ皆さんから，国家試験を受験する皆さん，大学や大学院で卒論や修士論文を書いている皆さんをサポートするために書いたものです。特に，国家試験を受験する皆さんにとって必須の会計用語を，試験に関係する範囲で解説しています。いたずらに詳しいことを書いたりはしていません。すこしおおざっぱかなと思えるくらい「ざっくり」と解説しています。

キーワードとイメージ図で学ぶ

　本書では，会計学を学ぶ上で必須の会計用語を厳選し，「キーワード」とシンプルな「イメージ図」によって，「やさしく学ぶ」「イメージで覚える」「正しく使う」ことができるように工夫しました。

　本書を手にされた皆さんが，会計学（財務諸表論，財務会計論）を学ぶ上で必須の会計用語を，「キーワード」と「イメージ図」によって，「やさしく学ぶ」「イメージで覚える」「正しく使う」ことができるように工夫しました。

　本書を手にした皆さんが，会計士試験，税理士試験，卒論，修士論文など，それぞれの目的にご活用いただけることを期待しています。

　本書の出版にあたり，税務経理協会の大坪嘉春社長，大坪克行常務にはいろいろご配慮いただき，感謝申し上げます。また，本書の企画の段階から編集・校正などにおいて，著者のいろいろなわがままをお開きくださった第一編集部の吉冨智子さんに心から御礼申し上げます。

2008年5月

田中　弘

目次
(キーワード一覧)

【A】

BPS	1
EDINET	1
EPS	1
GAAP	2
PER	2
ROA	2
ROE	2

【あ】

アカウンタビリティ	3
圧縮記帳	3
後入先出法	4
洗い替え	4
洗い替え低価法	4
安全性の原則	5

【い】

委員会設置会社	6
意匠権	6
委託販売の収益計上基準	6

一時差異(税効果会計基準)	8
一時差異等(税効果会計基準)	8
一時差異と永久差異 　(税効果会計)	9
一取引基準(外貨換算)	9
1年基準(ワン・イヤー・ルール)	9
一致の原則	10
一般原則	11
一般債権	12
移動平均法	12

【う】

請負工事契約	13
打歩発行	13
裏帳簿・二重帳簿	13
売上総利益	13
売上値引・売上割引・売上割戻	14
売上割戻引当金	14

【え】

営業循環	15
営業循環基準	15

[i]

営業循環資産・負債	15
営業譲渡	16
営業利益	16
ＳＨＭ会計原則	17

【お】

横領	18
オペレーティング・リース取引	18
親会社（会社法）	18
親会社株式（会社法）	19

【か】

買い入れのれん	20
外貨建金銭債権債務（外貨換算基準）	20
外貨建取引（外貨換算基準）	20
開業費	21
会計監査人設置会社	22
会計期間の公準	22
会計基準	22
会計参与	24
会計参与設置会社	24
会計帳簿・商業帳簿・日記帳	24
会計的事実	25
会計ディスクロージャー	26
会社全体の利益率	28
会社法会計・金融商品取引法会計・税務会計	28
会社法施行規則等	29
回収可能価額（減損基準）	30
開発費	30
買い戻し特約付き販売	31
解約不能（リース）	31
価額・価格・簿価・物価・対価・単価	31
確定給付年金と確定拠出年金	32
確定決算主義	32
額面	32
額面発行	33
過去勤務債務	33
貸倒懸念債権	33
貸倒引当金	33
割賦販売	34
過度の保守主義	35
株価算定法	36
株価収益率	36
株価と１株当たり利益	36
株式	37
株式移転（会社法）	37
株式交換（会社法）	37
株式交付費	37
株主資本	38
株主資本等変動計算書	39
株主資本利益率	40
株主・資本主	40
株主にとっての利益率	40

貨幣性資産	40
貨幣的測定の公準	41
貨幣・非貨幣法(外貨換算)	41
カレント・レート法　　(外貨換算)	42
為替(外貨換算)	42
為替換算調整勘定	42
為替予約(外貨換算)	42
換金性	43
関係会社(会社法)	43
関係会社株式(会社法)	43
監査役会設置会社	43
監査役設置会社	43
慣習としての会計基準	44
間接金融	44
間接償却(法)	44
管理会計・内部報告会計	44
関連会社(会社法)	45
関連会社株式	45

【き】

期間外損益	46
期間損益計算	46
企業会計原則	47
企業と会社	48
企業実体の公準	48
企業年金制度	49
基準資本金額	49
基準純資産額	50
擬制資産	50
逆粉飾	50
キャッシュ	50
キャッシュ・フロー見積法	51
吸収合併(会社法)	51
吸収分割(会社法)	51
級数法	52
漁業権	52
切り放し低価法	52
金額法	53
金額計算(棚卸資産)	53

【く】

偶発債務	54
偶発損失	54
口別損益計算	54
倉入れ・入庫	55
倉出し・出庫	55
「クリーン・サープラス」論と　　ダーティ・サープラス	55
繰越利益剰余金	56
繰延経理	56
繰延資産(会社法)	56
繰延税金資産・負債　　(税効果会計)	58
繰延ヘッジ損益(会社法)	59
繰延法(税効果会計)	59

グローバル・スタンダード	59
クロス取引	59

【け】

経過勘定	60
経過資産	60
経過負債	60
経済学的利益	60
経済的耐用年数基準(リース)	61
計算関係書類	61
計算書類・計算書類等	61
計算書類の公告	62
計算書類等(会社法)	62
計算書類の承認	63
計上	63
経常利益	63
継続企業の前提(会社法)	64
継続記録法	65
継続性の原則	66
決算公告	67
決算書	68
決算日レート法(外貨換算)	68
欠損(会社法)	68
欠損てん補(会社法)	68
原価	69
原価基準	70
原価時価比較低価法	70
減価償却	70

原価と費用	72
原価配分	73
原価・費用・損失	73
研究開発費	74
現金同等物	75
現在価値基準(リース)	76
減資(資本金の減少)	76
検収基準	76
建設仮勘定	77
減損(減損基準)	77
減損の兆候(減損基準)	78
減損処理(減損基準)	79
減損損失の処理手順(減損基準)	79
減損損失の測定(減損基準)	79
減損損失の認識(減損基準)	80
現物配当	80
権利金	80

【こ】

公開	81
公開会社(会社法)	81
鉱業権	81
工事契約	82
公準	82
ゴーイング・コンサーン	83
ゴーイング・コンサーンの会計	83
子会社	84
子会社株式	84

国際会計基準	84
国庫補助金	85
固定資産	85
固定資産の流動化	86
固定性配列法	87
誤謬	88
個別法	88
コモン・ロー	88

【さ】

債権と債券	89
債権者・社債権者	89
在庫	89
財産法	89
財産目録	90
財産目録的貸借対照表	90
再調達原価	90
財と財貨	91
財務会計・外部報告会計	91
財務諸表等規則	91
債務(性)・負債(性)	92
財務内容評価法	92
債務保証損失引当金	92
先入先出法	93
残存勤務期間	93
残存有効原価	93
300万円規制(会社法)	93

【し】

仕入先	94
時価(減損基準)	
(金融商品会計基準)	94
時価基準・時価主義	94
直物為替	95
敷金	95
事業報告(会社法)	95
資金提供者	95
自己株式	96
自己株式交付費(会社法)	96
自己資本	96
自己資本利益率	96
自己創設のれん	97
「資産」と「財産」	97
資産の評価基準(会社法)	98
資産の分類	98
資産の水増し	100
資産負債法(税効果会計)	100
市場価格のない有価証券	100
自然人	100
実現主義の原則	101
実質価額	101
実地棚卸	102
実用新案権	102
私的自治	102
四半期報告(書)	102

[v]

資本金	103
資本金等増加限度額(会社法)	104
資本金と準備金	104
資本準備金(会社法)	104
資本的支出	105
資本等金額(会社法)	105
資本取引	105
資本取引・損益取引区別の原則	105
資本主	107
資本利益率	108
社会会計	109
借地権	109
社債	110
社債権者	110
社債の評価	110
社債発行差金	111
社債発行費	113
収益還元法	113
収益的支出	113
収益の実現	114
収益費用対応の原則	115
収益費用の対応	115
収益力・収益性	116
修繕引当金	116
受贈益・受贈資本	116
出荷基準(発送基準)	116
種類株式(会社法)	116
純財産増加説	117
純資産	117
準備金(会社法)	118
準備金計上限度額(会社法)	119
使用価値(減損基準)	119
償還期限	120
償却原価法	120
償却性資産	120
上場・上場会社	121
譲渡価値	121
譲渡制限株式(会社法)	121
承認特則規定(会社法)	121
試用販売	121
使用貸借と消費貸借	122
消費・費消	123
商標権	123
正味実現可能価額	123
正味売却価額(減損基準)	124
剰余金	124
剰余金の額	124
剰余金の処分(会社法)	125
剰余金の配当(会社法)	126
剰余金の分配(会社法)	127
剰余金の分配可能額と繰延資産	128
剰余金と分配可能額の関係	129
賞与引当金	130
将来減算一時差異と 　　将来加算一時差異 　　(税効果会計基準)	131

所有権移転ファイナンス・
　リース取引と所有権移転外
　ファイナンス・リース取引　131
所有目的による有価証券の分類　132
新株予約権（会社法）　132
新株予約権発行費（会社法）　133
真実性の原則　133
新静態論　134
新設分割（会社法）　134

【す】

数量計算　135
数量法　135
ステーク・ホルダー　135
ストック・オプション　136

【せ】

正規の簿記の原則　137
税金等調整前当期純利益金額
　（会社法）　137
税効果会計　137
税効果会計の方法
　（税効果会計基準）　138
清算会計　138
生産高比例法　139
静態論　139
制度会計　139
製品保証引当金　140

成文法と不文法　140
セグメント情報　140
セール・アンド・
　リースバック取引　141
前期損益修正　142
潜在的投資者・潜在的投資家　142
全体損益計算　142
全体利益　142

【そ】

総資本　143
総資本利益率（ＲＯＡ）　143
相対的真実性　143
総平均法　144
贈与剰余金　144
創立費　144
測定　145
その他資本剰余金（会社法）　145
その他資本剰余金の分配
　（会社法）　145
その他有価証券　146
その他利益剰余金（会社法）　146
損益計算書の構造　147
損益取引　149
損益法　149
損害補償損失引当金　149
損益の種類と区分　149
損失の処理（会社法）　151

【た】

対価	152
大会社(会社法)	152
退職給付	153
退職給付債務	153
退職金	153
退職年金	153
退職給付引当金	154
大陸法	155
他勘定振替高	155
タコ配当	155
脱税	155
棚卸計算法	155
棚卸減耗費	156
棚卸資産	158
棚卸資産の原価配分	159
他人資本	159
単一性の原則	160
単式簿記	160
担保価値	160

【ち】

地上権	161
着荷基準	161
中間配当(会社法)	161
注記表	161
長期請負工事	162

超期間損益	164
帳簿閲覧権	164
帳簿棚卸法	165
直接金融	165
直接償却(法)	165
陳腐化	165

【つ】

通貨オプション(外貨換算)	166
通貨先物(外貨換算)	166
通貨スワップ(外貨換算)	166
積立金	166
積む・積み立てる	167

【て】

低価法	168
低価法における時価	168
低価法における時価 　　(再調達原価)	169
低価法における時価 　　(正味売却価額)	172
低価法における時価 　　(正味売却価額マイナス 　　正常利益)	175
定額法	175
定率法	176
手付金	177
手付金倍返し	178

手付流れ	178
デリバティブ	178
電子公告（会社法）	178
電磁的記録（会社法）	178
電磁的方法（会社法）	179
テンポラル法（外貨換算）	179
転リース取引	179

【と】

投下資本の回収	180
当期業績主義	180
当期純利益（損失）	181
東京合意	181
当期未処分利益	181
投資家・投資者	181
投資不動産	182
動態論	182
得意先	183
特別修繕引当金（廃止）	183
特別法上の引当金	184
土地再評価差額金（会社法）	184
特許権	184
トライアングル体制	185
取替原価	186
取締役会設置会社	186
取締役の報酬等	186
トレーディング目的で保有する棚卸資産	187

【な】

内部留保	188

【に】

二取引基準（外貨換算）	189
任意積立金の積み立て	189
認識・測定・計上	190

【ね】

年金資産	191
年買法	191

【の】

のれん	192
のれん等調整額	192
のれん等調整額の控除方法	193

【は】

売価還元原価法・売価還元低価法	197
売価還元法	197
売買目的有価証券	199
破産更生債権等	199
発生主義会計	199
発生主義の原則	200
発送基準	200
販売基準	200

販売・売却・売買・処分	202

【ひ】

非貨幣性資産	203
引当金・準備金・剰余金・積立金	203
引当金の設定条件	204
引き当てる	205
引渡基準	205
1株当たり純資産額	205
1株当たり純利益	206
備忘価額(備忘勘定)	206
評価・換算差額等	207
評価・換算差額等の取り扱い	207
評価性引当金	208
費用配分の原則	208
表面税率	209
品質低下品・陳腐化品	209

【ふ】

ファイナンス・リース取引	210
複式簿記	210
含み益	210
含み資産	210
含み損	211
不在株主	211
負債性引当金	212
「負債」と「債務」	213

不正	213
附属明細書	214
附属明細表	214
振当処理(外貨換算基準)	214
フリー・キャッシュフロー（ＦＣＦ）	215
振替価格	215
不良債権	215
フルペイアウト(リース)	215
フルペイアウトの判定基準（リース）	216
粉飾(決算)	216
分配可能額	217
分配可能額の計算	217

【へ】

平均法	220
ヘッジ会計	221
ヘッジ手段	221
別途積立金	221
返品調整引当金	222

【ほ】

包括主義	223
包括利益	223
報告	224
報酬等	224
法人	224

法人擬制説	225
法人税	225
法人税等（税効果会計基準）	225
法人税等調整額	225
法人税等の調整額 　　（税効果会計基準）	225
法定実効税率	226
簿外資産・簿外負債	226
保守主義の原則	226

【ま】

前払金・前渡金	228
前払費用と前払金	228
満期保有目的債券	228

【み】

見越しと繰延べ	229
未実現利益・未収収益	230
未収収益と未収金	230
未処分利益	231
未処理損失	231
未払金	231
未払費用	232
未払費用と未払金	232

【む】

無形固定資産	233
無形固定資産の種類	234
無形固定資産の償却	235

【め】

明瞭性の原則	236

【も】

持ち合い株(式)	238
持分	238
持分会社	238
持分法（会社法）（連結会計基準）	239

【や】

役員賞与引当金	240
役員賞与・役員報酬 　　（会社法）	240
約定利息	240

【ゆ】

有価証券	241
「有価証券」と「金融商品」	241
有価証券の分類	242
有限会社	244

【よ】

予約販売	245

【り】

リース取引	246

利益準備金（会社法）	246
利益剰余金	246
利益操作	247
利益・総利益・純利益・稼得利益・留保利益・利得	247
利益留保	248
利益留保性引当金	248
利害関係者	248
利害調整	249
利息費用（退職給付）	249
利息法（リース）	250
流動	250
流動性配列法	250
流動比率	251
流動・非流動法（外貨換算）	251

臨時計算書類	251
臨時決算日	252
臨時償却・評価減	252

【れ】

連結計算書類	253
連結配当規制	253
連続意見書	254

【ろ】

ローマン・ルフチ効果	255

【わ】

割引発行	256

〔A〜Z〕

BPS (book value of equity per share)
<small>ビーピーエス</small>

　1株当たり純資産額のこと。貸借対照表の純資産額を発行株式数で除したもの。1株当たりの株主持分を表す。わが国では，企業会計基準適用指針第4号「1株当たり当期純利益に関する会計基準の適用指針」において具体的な算定方法を定めている。　→　**1株当たり純資産額**

EDINET
<small>エディネット</small>

　Electronic Disclosure for Investors' NETwork という英語の頭文字をとって命名したもの。エディネットと発音する。

　有価証券報告書・有価証券届出書などの金融商品取引法上の開示書類について，提出や公衆縦覧などの手続きを電子化することにより，投資家が企業情報へアクセスする機会の迅速化・公平化，さらには提出者の事務負担の軽減を図ることを目的に開発されたシステムで，上の開示書類の提出企業が，開示書類の内容をインターネットを通じて財務局に提出し，その情報がインターネットを通じて広く一般に提供される。

　どこかの会社の開示書類（**有価証券報告書**や**四半期報告書**など）を見たいときには，インターネットで，「EDINET」と入力し，会社名を選択すればよい。

EPS (earnings per share)
<small>イーピーエス</small>

　1株当たり純利益のこと。損益計算書の当期純利益の額を発行済株式数で除したもの。株主の立場から見た，収益力・配当能力を見る指標で，**株価収益力（PER）**を計算するときにも使う。企業会計基準第2号「1株当たり当期純利益に関する会計基準」において具体的な算定方法が定められている。

GAAP(ギャップ)

　企業会計において，一般に公正妥当と認められた基準，方法，処理，手続きをいう。

　「一般に」とはどういう状況をいうのか，何をもって「公正妥当」とみるかは，必ずしも明確ではないが，会計実務として定着しているものや，産業界，会計士，規制機関などの合意があるもの，会計学において定説となっているものは，ＧＡＡＰ（ギャップと発音する）を構成すると考えられている。英語の，generally accepted accounting principles の略語。

　米国では，最も権威の高いＧＡＡＰとして，ＦＡＳＢ基準・解釈指針，ＡＰＢ意見書，ＡＩＣＰＡ会計研究公報があり，さらに，ＦＡＳＢ技術公報，ＦＡＳＢ緊急問題専門委員会による指針，広く普及した会計実務，会計学界の定説などがある。

　わが国の場合，ＧＡＡＰを明確に定義・範囲を明示したものはないが，会社法，金融商品取引法，企業会計原則，企業会計審議会や企業会計基準委員会が設定する会計基準等が該当すると考えられている。

PER(パー) (price／earnings ratio)

　株価収益率のこと。Ｐ／Ｅ比率ともいう。「パー」と呼ぶ。名前は「率」であるが，計算結果は何倍になったか，つまり，「倍数」で表す。現在の株価で投資すれば，利益だけで何年で投資を回収できるかを計算するもの。あるいは，当期の利益の何倍まで投資することができるかを見る指標。

　→ 株価と１株当たり利益

ROA (return on assets)

　総資本利益率。　→ 資本利益率

ROE (return on equity)

　→ 資本利益率

〔あ〕

アカウンタビリティ

　株式会社は，多数の投資者から資金を集め，その運用を受託し，定期的に資金の運用状況と運用成果を報告する。こうした資金運用の委託（投資者）と受託（会社）の関係を「スチュワードシップ」あるいは「受託責任」といい，受託責任を果たすことを，「会計責任」あるいは「アカウンタビリティ」という。

圧縮記帳

　補助金等を受贈したことにより一定の収益が生じた場合に，受贈した資金により取得した固定資産の取得原価を補助金の額だけ控除（これを「圧縮」という）すること。固定資産の帳簿価額を圧縮した部分を，圧縮損という。

　補助金に相当する圧縮損を計上して，補助金受入れによる収益と圧縮損を相殺するから，補助金には法人税の課税関係が生じないようになるのである。

　圧縮記帳は，受け取った受贈益にすぐに課税すると贈与の目的を達成できなくなることから，各期の減価償却費を実際よりも少なく計上させ，それによっ

| 固定資産の取得価額 | − | 補助を受けた額
控除
（圧縮という） | = | 圧縮損として計上

圧縮後の簿価 | ⇐

⇐ | 損失として処理したため補助金に課税されない。

圧縮後の簿価で計算するため減価償却費が小さくなり，利益が大きくなる。
↓
大きく計上される利益に課税。償却が終わるまでに，補助金全体に課税されることになる。 |

て増加した利益に課税する工夫である。増加する利益を合計すると，最初に受け取った**工事負担金**や**助成金**等の金額と同じになるから，耐用年数が終わるときには，受贈益全体に課税されていることになるのである。

後入先出法（あといれさきだしほう）

棚卸資産（商品，原材料など）が，仕入れた順と逆に，**後から仕入れたモノが先に払い出される**と仮定して売上原価を計算する方法をいう。棚卸資産によっては，腐敗もせず，陳腐化もしない物品もある。例えば，石炭とか建材としての砂などは，しばしば，以前からあった石炭や砂の上に，新たに仕入れた分を上乗せする。これらを**出庫**（**庫出し**ともいう）するときは，上乗せした分から先に取り出すであろう。先に仕入れた砂を先に使おうとして，底の方から掘り出すような無駄なことはしない。ここでは，モノは，「後入先出」的に流れるのである。→ 先入先出法（さきいれさきだしほう），平均法

洗い替え（あらがえ）

いったん評価損を出しておいて，次期の期首（または期末）にそれを取り消すことをいう。つまり，当期に損失を計上しておいて，次期にその損失をなかったことにするのである。

棚卸資産に**低価法**を適用して評価損（簿価切下額）を計上した場合や，貸倒引当金に期末残高がある場合などにおいて，そうした取り消しが行われることがある。貸倒引当金については，実務上，洗い替えではなく，期末における引当金の要設定額に満たない額を**補充する方法**（**差額補充法**）が採用されている。
→ 低価法

洗い替え低価法（あらがえていかほう）

評価損を損益計算書に出すことは切り放し低価法と同じであるが，次期の期首貸借対照表においては，前期の評価損を取り消して，評価減をする前の，つまり**取得原価**に戻す。それに伴い，次期の損益計算書には，前期に計上した評

価損と同額の評価益を計上して,前期の評価損を取り消す方法をいう。

　棚卸資産評価基準では,棚卸資産の低価法評価損と品質低下・陳腐化評価損を区別せずに「収益性の低下」として捉え,期末の時価(正味売却価額)が原価を下回れば評価損を計上する。この評価損(簿価切下額)については,戻し入れを行う「洗い替え法」と戻し入れを行わない「切り放し法」のいずれを採用することも認められる。　→ 切り放し低価法

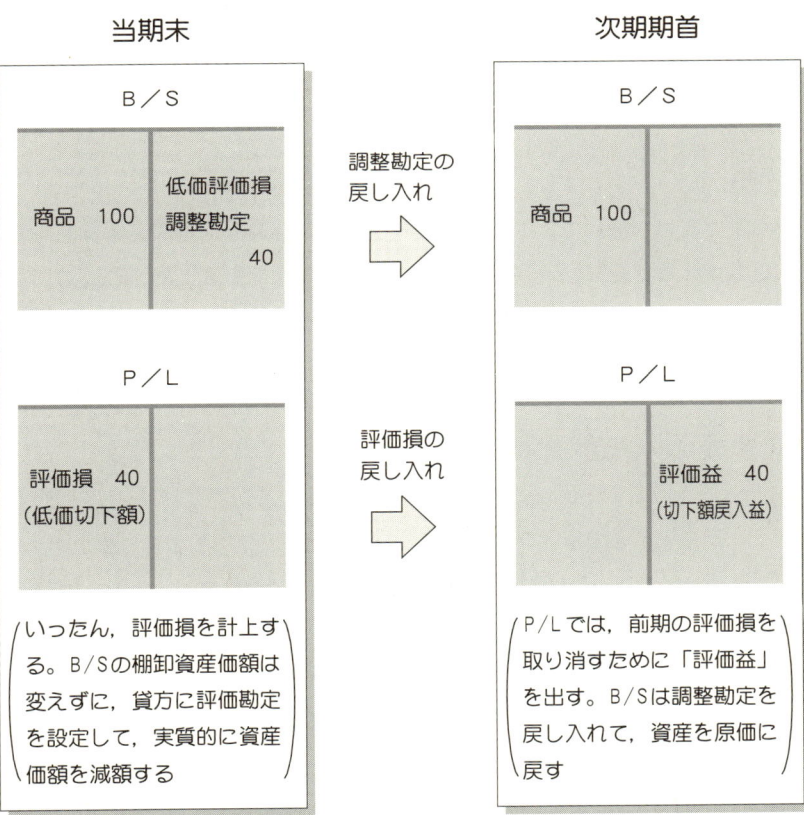

安全性の原則
　→ 保守主義の原則

[5]

〈い〉

委員会設置会社

指名委員会，監査委員会および報酬委員会を置く株式会社をいう（会社法2条12号）。委員会設置会社は，会計監査人を選任しなければならず，株主総会，取締役会のほか，上の3委員会と1名以上の執行役が機関として置かれる（会社法2条12号，402条1項）。

意匠権（いしょう）

意匠法に基づく権利で，工業所有権のひとつ。会計上は無形固定資産。特許庁に登録された意匠に係る物品の製造・使用・販売等を排他的・独占的になしうる権利をいう。権利の存続期間は15年。ただし，陳腐化などを考慮して，これより短い期間で償却されることが多い。

委託販売の収益計上基準

委託販売は，誰かに頼んで（委託），自己の商品を販売してもらう販売形態をいう。販売を委託する者を「委託者」，これを引き受ける者を「受託者」，委託した商品を「委託品」とか「積送品」という。受託者から見ると，「受託品」である。

委託販売では，委託者（売り手）は，自己の商品が実際に販売される場面をみていない。そのために，自己の商品がいつ販売されたのかを確認する必要がある。

〔売上計算書〕

それを確認できるのが，受託者が作成する「売上計算書」または「仕切精算書」である。名前は違うが，内容は同じものである。仕切精算書には，委託品の売上高，受託者の費用立替額（例えば，保管料，引取費など），販売手数料

などが記載されている。仕切精算書を受け取ることによって、委託品のうち、どれだけがいくらで売れたかを知ることができる。

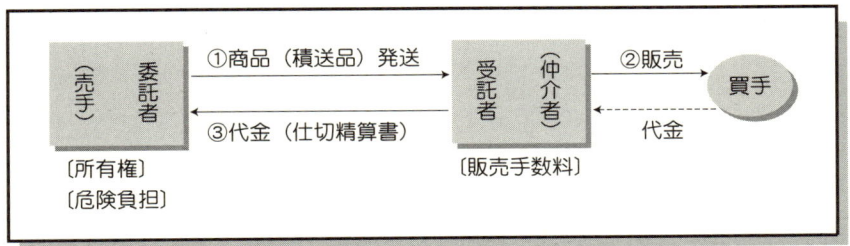

〔販売基準が原則〕

　委託販売の売上高は、原則として、**受託者が委託品を販売した日**をもって計上することになっている。委託販売でも、**販売基準**が採用されているのである。

　仕切精算書が委託品の販売が行われるつど送付される場合には、実際に商品が販売された日ではなく、その仕切精算書が委託者に到着した日をもって委託した商品が販売された日とみなすことが認められている（注解・注6(1)）。これを、**仕切精算書到達日基準**という。

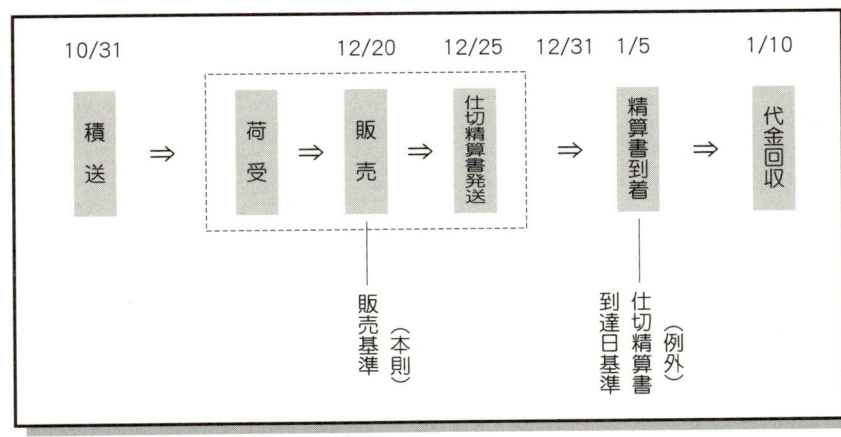

一時差異（税効果会計基準）

　企業会計と課税所得計算において，資産・負債の認識時点や評価額の相違が原因で，いずれその差異が解消されるものをいう。税効果会計は，この一時差異に適用される。永久差異は，企業会計上は収益として計上する受取配当金を，税金計算上は益金として計上できないというような，永久に解消されない差異をいう。こうした項目は，税効果会計の対象にはならない。

　一時差異は，例えば，（個別）財務諸表上の一時差異として，次のような場合に生じる。

個別財務諸表上の一時差異

① 収益・費用を計上する年度が税務計算と異なる場合
② 資産を評価替えして生じた評価差額が直接，純資産の部に計上され，かつ，課税所得の計算に含まれていない場合

連結財務諸表上の一時差異

① 資本連結に際し，子会社の資産・負債の時価評価により評価差額が生じた場合
② 連結会社相互間の取引から生じる未実現損益を消去した場合
③ 連結会社相互間の債権と債務の相殺消去により貸倒引当金を減額修正した場合

一時差異等（税効果会計基準）

　一時差異と繰越欠損金等を総称したもの。将来の課税所得と相殺可能な繰越欠損金等については，一時差異と同様に扱う（税効果会計基準，第二，一，4）。会社法では，繰越欠損金勘定ではなく，繰越利益剰余金勘定（のマイナス）となる。

一時差異と永久差異（税効果会計）

　企業会計上の資産・負債の金額と課税所得計算上の資産・負債の金額との差が生じる場合，企業会計の目的と税務会計の目的が相違することから一時的に生じた差異で，いずれ解消される項目と，差異が解消されることがない項目がある。前者を「一時差異」，後者を「永久差異」という。

	原因と事例	差異の解消	税効果会計の適用
一時差異	会計上の収益・費用の認識時点や資産等の評価額と税務上の評価額に相違がある 例：資産の評価差損益。税務上は否認されるが，売却すれば差損益も益金・損金となる	いずれ解消	適用
永久差異	会計上の収益・費用が，税務計算上否認される 例：受取配当金――会計上は収益，税務上は益金にならない	解消されない	対象外

一取引基準（外貨換算）

　外貨建取引とその取引の決済取引をひとつの取引と考えて会計処理を行う基準。期末までに代金の決済が終わらないときは，取引時の記録を修正し，代金の決済時に取引価額が確定する。　→ **二取引基準**

1年基準（ワン・イヤー・ルール）

　非営業循環資産（負債）の分類に使われるのが1年基準である。この基準では，期首から数えて1年以内に現金化されると予想される資産は**流動資産**に，現金化するのに1年を超えると予想される資産は**固定資産**とする。
　同様に，1年内に支払期限が到来する負債は**流動負債**に，返済期限が1年を超えて到来する負債は**固定負債**とする。

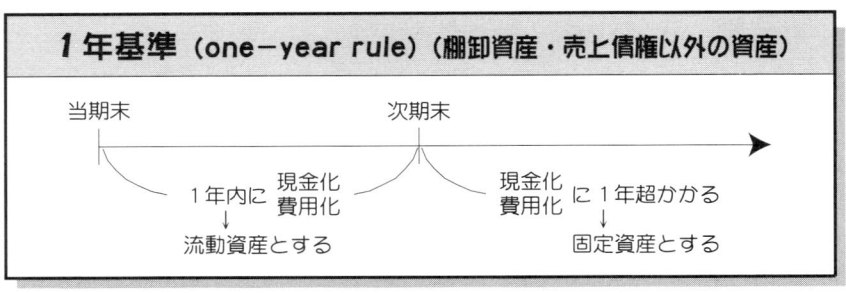

一致の原則

　企業存続中の利益の合計が「全体利益」であるのであれば，企業活動を期間に区切って行った損益計算（期間損益計算）によって求められた損益（これを期間利益という）の合計はこの「全体利益」と一致するはずである（計算を簡略にするために，利益の処分は行われないこととしている）。これを，「一致の原則」または「合致の原則」といい，

　期間利益の合計＝全体利益

という算式で示される。

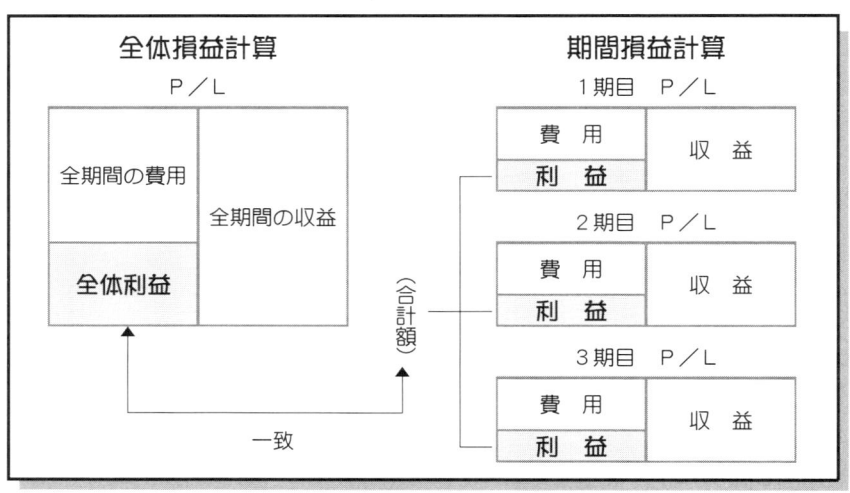

一般原則

　わが国の会計に関するルールブックともいえるのは企業会計原則である。このルールブックには，一般原則，損益計算書原則，貸借対照表原則，注解が記されている。

　企業会計原則では，企業会計に関する一般的な指針として，7つの基本的な考え方を示している。これを，一般原則と呼んでいる。

　この7つの原則は，以下に示す諸原則であるが，これらは損益計算書と貸借対照表に共通する原則と考えられている。

> ① 真実性の原則
> ② 正規の簿記の原則
> ③ 資本取引・損益取引区別の原則
> ④ 明瞭性の原則
> ⑤ 継続性の原則
> ⑥ 保守主義の原則
> ⑦ 単一性の原則

　一般原則は，大きく分けて，資産・負債あるいは損益の金額を決める実質的な原則（計算原則という）と，財務諸表の作成に関する形式原則（報告原則という）がある。

　計算原則には，資本取引・損益取引区別の原則，継続性の原則，保守主義の原則があり，報告原則には，正規の簿記の原則，明瞭性の原則，単一性の原則がある。こうした諸原則を統括する原則として，真実性の原則がある。

```
          一般原則の体系
┌─────────────────────────────────────────────┐
│                    ／実質・計算原則  ／資本取引・損益取引区別の原則
│                   ／ （認識・測定に ） ─ 継続性の原則
│                  ／  ＼関する一般原則／  ＼保守主義の原則
│    真実性の原則
│    （総括原則）
│                  ＼    形 式 原 則   ／正規の簿記の原則 ＼ 重要性の
│                   ＼ （記録・表示に ） ─ 明瞭性の原則     原則
│                    ＼＼関する一般原則／  ＼単一性の原則 ／
└─────────────────────────────────────────────┘
```

一般債権

　経営状態に重大な問題が生じていない債務者に対する債権をいう。つまり，取引先（当社の商品を購入してくれたお得意様）が，債務の弁済に重大な問題を抱えていたり，経営などにおいて重大な局面に直面したりしていない状態にある場合の債権をいう。具体的には，「貸倒懸念債権」「破産更生債権等」に区分されない債権をいう。　→ **貸倒懸念債権，破産更生債権等**

移動平均法

　商品を仕入れるたびに，それまでの在庫と新規の仕入れの平均単価を求め，販売・費消するときには，その平均単価で売上原価を計算する方法である。平均単価は，次の式で求める。

$$\text{平均単価} = \frac{\text{それまでの在庫の金額} + \text{今回の仕入金額}}{\text{それまでの在庫数量} + \text{今回の仕入数量}}$$

　→ **総平均法**

〔う〕

請負工事契約
→ 長期請負工事

打歩発行
「だぶ」とも読む。社債などを額面金額を超えた金額で発行すること。割増発行ともいう。差額はプレミアム。この差額は，発行時に営業外収益に計上する。

裏帳簿・二重帳簿
会計の専門的辞典には出てこない用語だが，一般の国語辞典（講談社「日本語大辞典」）には，次のような説明がある。

> 「二重帳簿＝税務対策その他で，外部に経理の実情を隠すため二種の帳簿を作ること。またその帳簿。」

売上総利益
売上高に占める粗利益をいう。400円で仕入れた商品を600円で売れば，200円の儲けが出る。この儲けは，従業員の給料や広告宣伝費，運送料などの費用を差し引く前のものであるから，粗利益とか荒利と呼ばれる。

400円の仕入れ値のものに，200円の利益を上乗せして売価を決めるということは，原価に50％の利益を加算することであるから，これをマークアップ率50％という。売価と仕入れ値（または製造原価）の差は，正式には売上総利益というが，簿記のテキストでは，初級の段階で，商品販売益または商品売買益ということが多い。

この利益数値は売上げの質（利益が十分に含まれているかどうか）を見る指標として重要である。

売上値引・売上割引・売上割戻（わりもどし）

	意　　　味	会 計 処 理
売 上 値 引	売上品の量目不足，品質不良，破損等の理由により売上代金から控除される額（財規ガイドライン72－1－2）	売上高から控除（財規ガイドライン72－1）
売 上 割 引	代金を支払うべき期日の前に支払った場合に，売掛金等が一部免除される額（財規ガイドライン72－1－2）	営業外費用（財規93）
売 上 割 戻	一定期間に多額または多量の取引をしたお得意先に対する売上代金の返戻額等。リベートのこと（財規ガイドライン72－1－2）	売上値引に準じる（売上高から控除）

売上割戻引当金（うりあげわりもどし）

売上割戻しは，一定の期間に多額・多量の商品を購入した得意先（買い手）に支払うリベート（返戻額（へんれい））である。期中における売上高に関連して次期に支払うことを約束したリベートは，支払時期に関係なく，当期のリベートとして処理する。

売上割戻しは，一般に，現金で支払うか，得意先に対する債権（売掛金）を減少する。これに代えて，旅行・ゴルフ・食事などへの招待，社長夫人や役員へのプレゼントという形を取ることもある。得意先に景品引換券を交付して，集めた枚数・点数に応じて景品を引き渡すという販売促進の方法もある。これらは，販売費として処理される。

ところで，売上割戻しを販売費と考えると，当期の売上げに関連して次期に支払いを約束した売上割戻しは，当期に帰属する費用である。そこで，当期の費用を計上するときに，その貸方科目として設定されるのが，「売上割戻引当金」である。

〔え〕

営業循環

　企業に投下される資金は，最初は，現金の形を取る。この現金で商品や原材料を購入する。この原材料を加工してできた製品や商品を販売して改めて現金（売掛金や受取手形のこともある）を回収する。こうした「投下した現金」から「回収される現金」への資金の動きを「営業循環」という。

　→ 営業循環資産・負債，投下資本の回収

営業循環基準

　その企業の本業（主たる営業）から生じる資産（売掛金，受取手形）とその主たる営業から生じる負債（買掛金，支払手形）は，その企業に固有の資金循環内にあるものとして，すべて流動の区分に入れる。

　このように資産の保有期間は長短あるが，営業（その企業の事業，本業）上の資産・負債であれば，保有期間の長短にかかわらず，すべて「流動資産」「流動負債」とする。

営業循環資産・負債

　原材料を仕入れ → 製品に加工し → これを販売 → 代金を回収 → 回収した資金で再び原材料を仕入れる，といった一連の，繰り返し行われる企業活動を**営業循環**といい，この循環の中にある資産を**営業循環資産・負債**あるいは**営業資産・負債**という。

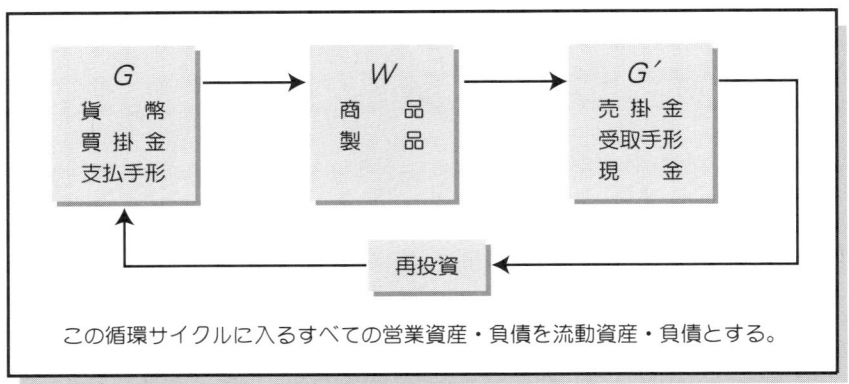

営業譲渡

　企業が個別の営業資産を譲渡（譲受）するのではなく，全営業部門を一括譲渡（譲受）したり，工場や支店などのようなまとまりのある営業財産を譲渡（譲受）することを「営業譲渡」という。

　営業を譲受したときに支払った対価が，受け取った正味の財産の価額を超えるとき，のれん（営業権）が発生する。これを「買い入れのれん」という。

　→ のれん

営業利益

　本業の利益をいう。売上総利益から，販売費及び一般管理費を控除して求める。ここで本業とは，その企業の主たる事業をいい，事業会社の場合は**資金調達や資金運用活動を含まない**。

　この数値は，当該企業が本業で十分な利益を上げているかどうかを知る指標として重要である。　→ **経常利益，当期純利益**

SHM会計原則
<small>エスエイチエム</small>

　アメリカで会計原則が盛んに議論されるようになった時期（1930年代中頃），ハスキンズ・アンド・セルズ財団の委嘱で，サンダース，ハットフィールド，ムーアという3名の教授が，その当時の会計実務，会計文献，会計規制などを調査し，その中から，公正妥当と考えられるものをピックアップして編集したものであったといわれている。「SHM」は，この3名の教授の頭文字をとったものである。

　この，SHM会計原則の第6部が「一般原則」にあてられており，その冒頭において，「企業会計は，企業の財務状態および経営成績に関する，すべての重要な財務情報を提供しなければならない」として，いわゆる，ディスクロージャーの原則を掲げている。まさしく，これこそ，近代英米会計の心髄を，簡潔に表明したものであったと考えられる。

　わが国の「企業会計原則」は，このSHM会計原則をモデルとして設定されたといわれている。

〔お〕

横領
<ruby>おうりょう</ruby>

他人や公共のものを不法に奪うこと。遺失物などを自分のために消費しても横領となる。横領罪。

オペレーティング・リース取引

リース取引のうち，ファイナンス・リース取引以外の取引をいう（リース会計基準）。例えば，中途解約ができる取引や物件の使用に伴って発生するコストの一部を貸手が負担する取引等。

親会社（会社法）

一般的には，複数の会社等が支配従属関係にあるとき，支配的立場にある会社をいう。支配会社ともいう。会社法では，株式会社を子会社とする会社その他の当該株式会社の経営を支配している法人として法務省令で定めるもの（会社法2条4号）をいう。 → 子会社

親会社株式（会社法）

　子会社が親会社の株式を取得することは，原則として，禁止されている。ただし，子会社の組織再編などのようなケースでは例外的に親会社株式を取得することが認められる。

　親会社株式を取得したときは，流動資産の部に「有価証券」として，または固定資産の部（投資その他の資産）に「関係会社株式」として表示し，貸借対照表に注記する。

```
例示　　貸借対照表
          流動資産の部
              有 価 証 券　××
          固定資産の部
              投資その他の資産
              関 係 会 社 株 式　××


        注記表
          貸借対照表に関する注記
              有価証券に含まれる親会社株式（○○株式）　　××
              関係会社株式に含まれる親会社株式　　　　　××
```

〔か〕

買い入れのれん

　企業結合その他の組織再編行為の結果として取得した無形固定資産。企業結合会計基準によれば，被取得企業または取得した事業の取得原価が，取得した資産および引き受けた負債に配分された純額を超過する額を「のれん」とする。不足する場合は，「負ののれん」という。企業結合による買い入れのれんは無形固定資産として計上し，負ののれんが生じる場合は固定負債として表示する。

　のれん（負ののれんも）は20年以内に規則的に償却するが，減損の兆候がある場合には減損会計基準を適用する。会社法では，のれんを資産に計上した場合に，一定の配当制限がかかる。　→　のれん等調整額の控除方法

外貨建金銭債権債務（外貨換算基準）

　契約上の債権額・債務額が外国通貨で表示されている金銭債権債務をいう（外貨換算会計基準注解・注4）。

外貨建取引（外貨換算基準）

　売買価額その他取引価額が外国通貨で表示されている取引をいう。外貨建取引には，次のものが含まれる（外貨換算会計基準注解・注1）。

① 取引価額が外国通貨で表示されている物品の売買または役務の授受
② 決済金額が外国通貨で表示されている資金の借入または貸付
③ 外国通貨による前渡金，仮払金の支払い，または，前受金，仮受金の受け入れ
④ 決済金額が外国通貨で表示されているデリバティブ等

開業費

会社として法的に成立（成立するまでにかかる費用は，創立費）した会社が，その営業を開始するまでに要した**開業準備のための費用**をいう。

開業費は，原則として**支出時に営業外費用として処理**する。ただし，開業費を**繰延資産として処理**することもできる。

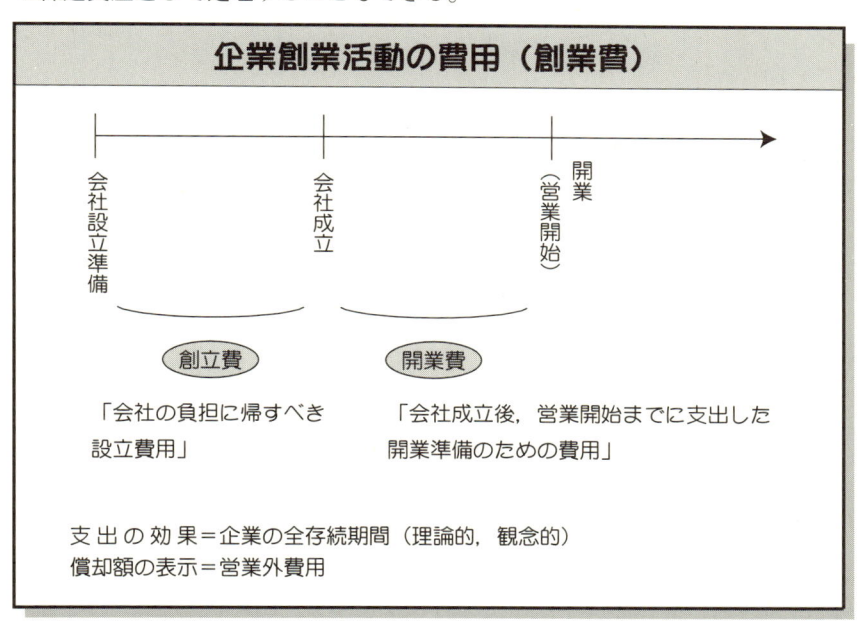

企業創業活動の費用（創業費）

```
会社設立準備 ────── 会社成立 ────── 開業（営業開始） ──→
         └── 創立費 ──┘└── 開業費 ──┘
```

創立費：「会社の負担に帰すべき設立費用」

開業費：「会社成立後，営業開始までに支出した開業準備のための費用」

支出の効果＝企業の全存続期間（理論的，観念的）
償却額の表示＝営業外費用

〔繰延経理を認める理由〕

多くの場合，創立から開業までの期間は短いが，大型のホテルや商業施設，ダム，レジャーランドなどを業とする会社の場合，**会社が法的に成立（創立）してから事業を開始（開業）するまでに長い準備期間が必要**である。創立から営業開始（開業）まではほとんど収入がないので，その間に発生した費用を「支出時に費用処理」すれば，**開業したとたんに純損失を計上**することになる。それを避けるに，**開業費を繰延経理**（費用の一部を次期以降に繰り延べる）するのである。

もう1つの理由は，繰延資産の本質によるものである。開業費だけではなく，繰延資産とされる項目は，期間損益計算を適正にするという観点から資産計上されるものである，という考えである。こうした項目は，支出された費用の経済的効果が次期以降に及ぶと期待できることから，当期だけではなく，次期以降の損益計算にも負担させるべく，貸借対照表に繰延資産として記載し，会社成立後5年以内のその効果が及ぶ期間にわたって，毎期，定額法で償却する。
　→ 繰延資産

会計監査人設置会社

　一定の要件を満たす場合は，計算書類の全部について，株主総会における承認ではなく，取締役会の承認を受けたものの内容を，取締役が定時株主総会に報告すればよい（会社法439条）。

会計期間の公準

　企業会計では，永続的に営まれる企業経営（ゴーイング・コンサーン）を，一定の期間に区切って，その期間の経営成績と期末の財務状態を明らかにする。継続企業を前提とすると，必然的にこうした期間計算が行われる。こうした期間計算の前提を「継続企業の公準」または「会計期間の公準」と呼ぶ。

会計基準

　企業会計を規律する法規には，会社法，金融商品取引法などの法律の他に，公正な会計慣行として実務に定着しているものを成文化した「会計原則」がある。公正な会計慣行はまた，「一般に公正妥当と認められた会計原則」ともいわれ，英語では，generally accepted accounting principles 略して，ＧＡＡＰ（ギャップと発音する）という。

　英米のようなコモンローの国では，こうした慣行として成立しているものに法的な効力（法的地位）を認めている。会計原則は，本来，こうしたコモンローの国で発達した。英米では，会社法などの法律には細かな会計規定を置かず，

会計のルールづくりを経済界と会計士の団体に任せるという伝統がある。

わが国のような大陸法系の国では、法的規制はほとんどが法律や規則によって行われている。ただし、会計の世界では、英米の慣行に合わせて、会計の細かなルールは経済界と会計士団体が決めるようになってきている。

会計基準の必要性

会計基準 ＝一般に公正妥当と認められた会計処理・報告の基準

会計基準の必要性
- （一次的） 正しい持分計算および正しい収益力の表示
- （二次的） <u>利益操作</u>の排除
   ↓

利益操作の誘因

中小企業＝利益の過大計上（損失でも利益計上）⇒ **粉飾決算**
　　　　　⇩
　　　　株価引上げ→株式・社債発行 ＼
　　　　　　　　　　　　　　　　　　　→ **資金繰り**
　　　　融資を受けやすくなる ／

巨大企業＝利益の過小計上　　　　　　⇒ **逆粉飾決算**
　　　　　⇩
　　　　内部留保（自己金融）
　　　　課税対象
　　　　賃上げ要求対策

［利益操作の方法例］
① 減価償却――耐用年数の見積，残存価額の見積
　　　　　　　［短く ←→ 長く］［大きく ←→ 小さく］
② 資産評価――不良資産（債権）の償却，or 計上
③ 資本的支出 ←→ 収益的支出（費用化）

---

[23]

会計参与(さんよ)

取締役(委員会設置会社では,取締役・執行役)と共同して,計算書類等を作成する者で,公認会計士・監査法人または税理士・税理士法人でなければならない(会社法333条1項)。会計参与報告を作成しなければならない(会社法374条)。

会計参与設置会社

会計参与を置く株式会社をいう(会社法2条8号)。

会計帳簿・商業帳簿・日記帳

「会計帳簿」は,期中における営業取引や財産の変動に関する歴史的記録。具体的には,日記帳または仕訳帳と元帳。

「商業帳簿」は,会計帳簿と貸借対照表。つまり,仕訳帳,元帳,貸借対照表。

「日記帳」は,営業日誌ともいう。日々発生する取引の内容を概括的・備忘的に記録したもの。

会計帳簿と日記帳

会計帳簿——期中における営業取引や財産の変動に関する歴史的記録。具体的には,日記帳または仕訳帳と元帳。

商業帳簿——会計帳簿と貸借対照表。つまり,仕訳帳,元帳,貸借対照表。

日 記 帳——営業日誌ともいう。日々発生する取引の内容を概括的・備忘的に記録したもの。

原初的なイタリア簿記法では,取引 → 日記帳 → 仕訳帳 → 元帳,という流れで記録がなされた。その名残といわれる。仕訳帳に記録するための準備段階で,必ずしも仕訳に必要な分類・整理が行われるわけではないので,これを会計帳簿とすることには異論もある。

なお,旧商法においては,①商法総則の「会計帳簿」(旧商法32条1項),②

同，「会計ノ帳簿」（旧商法299条ノ6第1項），③商法特別法の「会計の帳簿」が，明確な定義のないままに使われていた。会社法でも「**会計帳簿**」という用語を，それぞれの規定の趣旨に照らして解釈するものとして，明確な定義をせずに使っている（会社法396条2項，432条1項，433条1項）。

会計的事実

ある1つのこと(事実，事象，取り引きなど，英語でいう fact または event)を観察すると，いくつもの側面があることが分かる。

例えば，「給料の支払い」という事象・事実を取り上げてみる。「給料の支払い」は，社会的な側面で見ると，個人の富の増加を意味する。財政的な側面で見ると，課税所得が発生したということができる。法律的な側面でいうと，広い意味では権利が行使され義務が果たされたといえるし，狭い意味では，雇用契約が履行されたということができる。

経済的な側面では，企業にとって貨幣の支出あるいは資産（現金）の減少であり，従業員にとっては労働の対価を受け取ったという意味になる。

会計では，こうした多くの側面のうち，「特定の企業における経済価値とその変動」に着目して，これを会計的事実として帳簿に記録している。

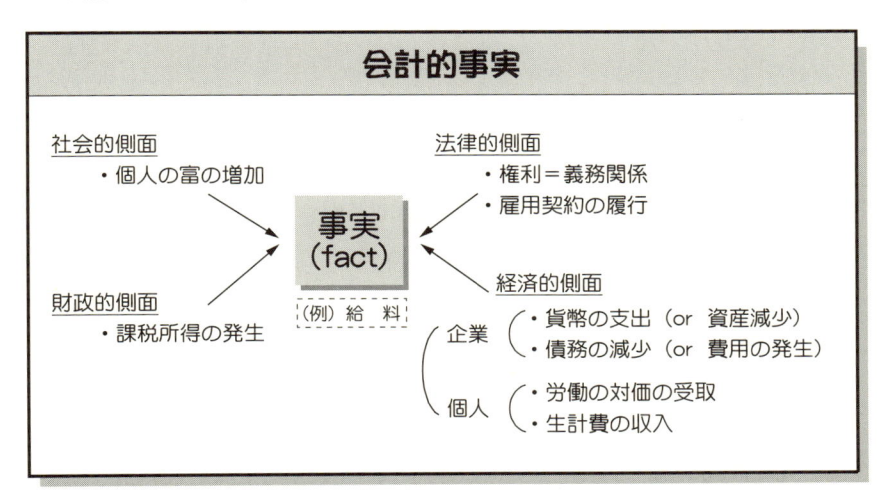

会計的事実

社会的側面
・個人の富の増加

財政的側面
・課税所得の発生

法律的側面
・権利＝義務関係
・雇用契約の履行

事実（fact）
(例) 給料

経済的側面
企業
・貨幣の支出（or 資産減少）
・債務の減少（or 費用の発生）

個人
・労働の対価の受取
・生計費の収入

会計的事実と判断

```
経済的事実              会計的事実      (会計処理)
<経済価値と  ─抽出→  <取 引>  ──  仕訳・統合・計算  →  財務諸表
 その変動>                                                │
    ↑          ↑              ↑                    (伝達)
    │          │              │                      ↓
  手続き      手続き          手続き                利用者
  ルール      ルール          ルール
 (選択適用)  (選択適用)      (選択適用)

         (いかなる手続き・ルールを)
         (選択すべきかについて    )
              会 計 慣 習

 (確立された慣習)  (慣習が複数)  (手続き・ルールが)
 ( がないとき  )  (あるとき  )  (決まっていないとき)
          (会計専門家の)個人的判断
```

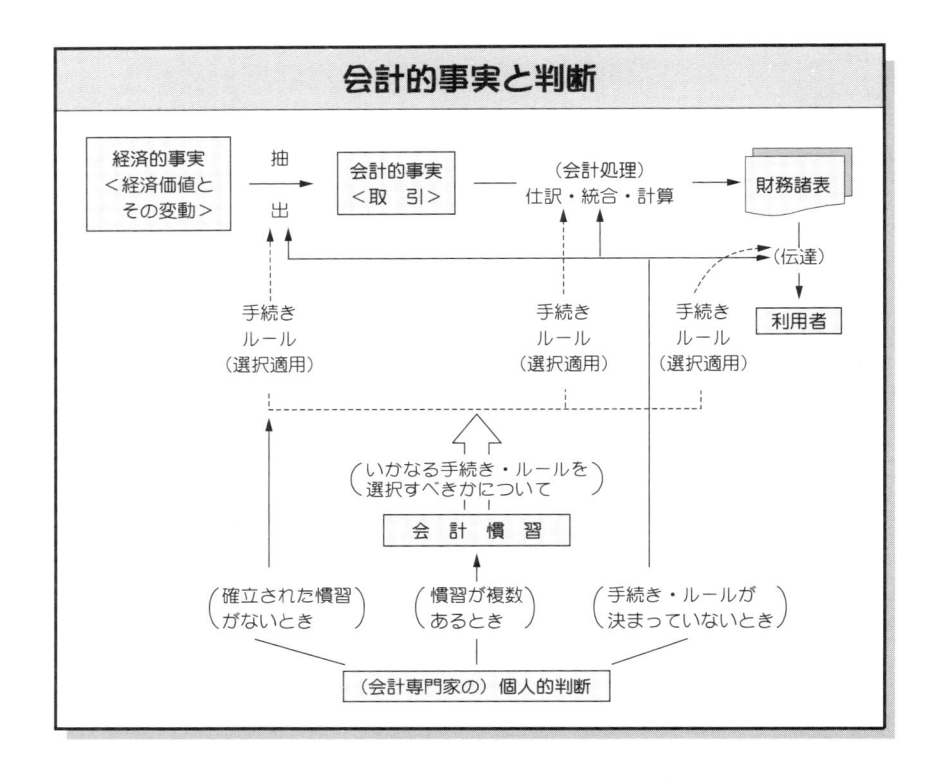

会計ディスクロージャー

　資金運用を受託しようとする企業が，資金の提供者（現在および将来の投資者）に対して行う一般的な情報公開を「企業内容の開示」あるいは「会計ディスクロージャー」という。

　平たくいえば，企業の会計情報（財務情報といってもよい）を一般社会に公開するのは，当企業の収益力，安全性，成長性，社会貢献度，さらには潜在的将来性などをアピールすることであるから，本来的には，情報を一般に公開するかどうかは，企業の任意である。社会一般に情報を公開しない企業は，自分の収益力，安全性，将来性などを知らせないことによって受ける不利益（株式や社債を発行して資金を調達する機会を失うという）を甘受しなければならない。　→ **帳簿閲覧権**

会社法によるディスクロージャー

すべての株式会社
- 計算書類等を本支店に備え置く
  ⇒株主・債権者の閲覧に供す（会社法442条1項, 2項, 3項）
- 貸借対照表またはその要旨を「公告」
  （または「電子公告」）（会社法440条1項, 2項）

電子公告による場合は省略せずに公告し、
官報または日刊新聞紙において公告する場合は要旨でよい。

大会社
- （上記に加え）損益計算書またはその要旨も「公告」
  （会社法440条1項, 2項）

「有価証券報告書」を提出する会社は、P／LとB／Sの公告は免除される。

金融商品取引法によるディスクロージャー

上場会社等
総額1億円以上の有価証券を募集または売り出す会社
→「有価証券報告書」「四半期報告書」を作成
→内閣総理大臣・証券取引所 へ提出 ⇒ 一般公開

「募集」とは新規に発行する場合で、「売り出す」とは、既発行の有価証券を売ること

「有価証券報告書」は、自社の株式や社債を証券取引所に上場している場合に、事業年度ごとに、会社とその企業集団に関する経理の状況などを総理大臣に提出（その後、一般に公開）する書類である。会社とその企業集団の財務諸表その他、事業の内容に関する重要な事項が記載される。

会社全体の利益率

　総資本は，他人資本（負債）と自己資本（株主資本）の合計であるから，総資本利益率は，当期に当企業が使った総資本でいくらの利益を稼いだかを計算するものである。他人資本に対しては利息が支払われるが，総資本の効率を知るには，分子に支払利息を加え戻す必要がある。

　この総資本利益率（ROAという）は，経営者の総合的な経営能力を知る指標とされている。経営者は，自己資本であるか他人資本であるかに関係なく，すべての資本を効率的に運用する必要があるからである。この比率は，会社全体の利益率といってもいいであろう。

$$総資本利益率（ROA）＝\frac{税引前当期純利益＋支払利息}{総資本}×100（\%）$$

会社法会計・金融商品取引法会計・税務会計

　会社法の会計規定は債権者（の権利）を保護することを基本的な目的としているといわれている。また，金融商品取引法は，株主，債権者を含めた**投資家（の権利）**を保護することを目的として制定されたといわれている。

　法人税法・所得税法は，課税所得を計算する法律である。ただし，法人（会社）の所得は，基本的には，企業の決算において確定した利益の額（原則として，株主総会で承認される）をベースとして，課税政策や産業振興税制などによる調整を経て決められる。これを，**確定決算主義**または**確定決算基準**という。税法に従って課税所得を計算する会計を，**税務会計**という。

　会社法会計，金融商品取引法会計，税務会計の3つを合わせて，制度会計ということもある。　→ **確定決算主義**

企業会計を規制する法規

	<法　規>	<規制内容>	<規制目的>	<手　段>	<適用対象>
制度会計 ／ 会社法会計	会社法…………… 会社法施行規則等…………	計算規定 形式規定	債権者保護	分配可能額の計算	全株式会社
制度会計 ／ 金取法会計	金融商品取引法（同，施行令） 財務諸表等規則（同，ガイドライン）…………… 企業会計原則（同，注解）…	包括規定 形式規定 計算・形式規定	投資者（株主，債権者を含む）保護	適正な業績利益の算定（収益力表示）	金取法適用会社（主に上場会社）
制度会計 ／ 税務会計	法人税法（同，取扱要領）… 所得税法（同，取扱要領）…	計算規定のみ	課税の公平 税収の確保	課税所得の算定	全納税義務者

会社法施行規則等

　会社法では，300ほどの事項がその詳細を法務省令に委任している。旧商法の場合は，委任事項は「商法施行規則」1本にまとめられていたが，会社法関係の法務省令は，次の3本に分けられている。その理由は，「特定の分野に関する省令事項を分かり易く分類し，かつ，一の委任規定より設けられる省令規定が多数に及ぶ場合に適切に対応」するためであるとされる。これらをまとめて，会社法施行規則等と呼ぶ。

会社法関係の法務省令
①　会社法施行規則（単に，施行規則ともいう）
②　会社計算規則（単に，計算規則ともいう）
③　電子公告に関する法務省令

　会社法施行規則等は，ソニーやトヨタなどの世界に知られた巨大会社をはじめ，街角の電器屋さん，町はずれの鋳物工場など，株主は少人数であっても，株式会社の形態をとる企業すべてに適用される。そのために，**中小規模の会社でも財務諸表を作ることができるように**，またそうした会社の株主が財務諸表

を理解できるように，比較的簡素な規定にとどめているといわれている。株主に会計の知識があまりなくても，会社のことがある程度わかるように配慮してある。　→　財務諸表等規則

回収可能価額（減損基準）

　資産の正味売却価額と使用価値のいずれか高い方の金額をいう。

　この定義には，解説が必要である。**資産を売却して得られる金額と，それを使って得られる金額を比較して，いずれか高い方の金額とするのはなぜであろうか。**

　それは，一般論として，売却した方が使用するよりも有利（金額が大きい）であれば売るであろうし，売るよりも使用した方が有利であれば使用し続けるであろう。**資産への投資から回収される金額は**，売るか使うか，によって得られる金額のうち，高い方になるはずである。

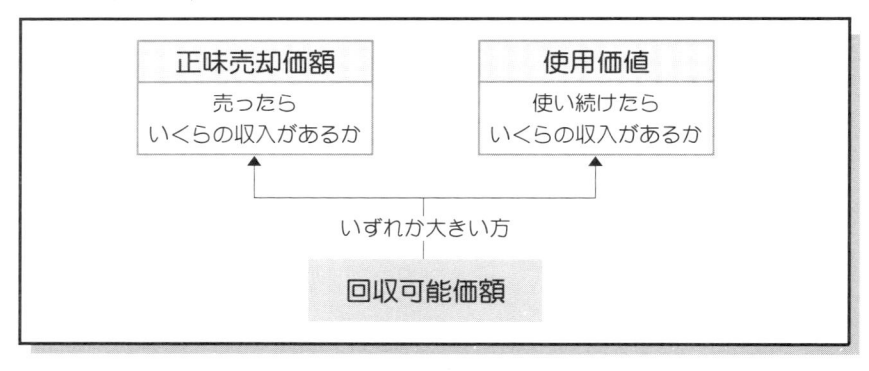

正味売却価額	使用価値
売ったらいくらの収入があるか	使い続けたらいくらの収入があるか

いずれか大きい方
回収可能価額

開発費

　新技術や新経営組織の採用，市場の開拓のために特別に支出した費用，設備の大規模な配置換えに要した費用などをいう。こうした費用は，将来の収益の増加や費用の削減などの効果を期待して支出される。

　繰延資産として経理される場合は，支出の時から5年以内のその効果が及ぶ期間にわたって，毎期，定額法等の方法により償却する。

買い戻し特約付き販売

　出版業界，医薬品・化粧品業界などでは，製造業者や卸売業者が，いちいち注文を取らずに，一方的に商品を小売店に送りつける販売方式が一般化している。こうした販売形態も「委託販売」と呼ぶことがあるが，製造業者は商品を送りつけると同時に売上げを計上するし，小売店側は仕入れとして処理するから，委託販売ではなく，買い戻し特約付きの販売である。

解約不能（リース）

　リース期間中は解約できないことが契約書に明記されているもの。また，法形式上は解約可能であっても，解約に際して相当の違約金（規定損害金）を支払わなければならないなどの理由から，事実上解約不能と認められる取引を含む（リース基準適用指針6）。

価額・価格・簿価・物価・対価・単価

価額	一般の辞書では，価格に相当する金額を意味するとしているが，会計では，「帳簿の金額欄に記載された金額」を意味する。「取得価額」「製作価額」「発行価額」などという。
価格	1個当たりのモノの値段。時価の意味では「市場価格」または「市価」という。
簿価	帳簿価額ともいう。一般に認められた会計処理・評価の原則に従って帳簿に記載される資産または負債の額をいう。減価償却累計額や貸倒引当金などの評価勘定がある場合は，それらを控除した正味の額をいう。
物価	本来，モノの値打ちの意味で，諸物の平均的な価格の意味にも使われる。
対価	代金・報酬などとして相手に引き渡したり，相手から受け取るものをいうが，現金だけでなく，有価証券でも土地でも，交換されるものをすべて対価と呼ぶ。
単価	「1個当たりの価格」を強調していうときは，「単価」といい，Eメールでおなじみの＠（アット・マーク）で表す。1個100円なら，＠￥100。

確定給付年金と確定拠出年金

　企業年金には，確定給付型の年金制度と確定拠出型の年金制度がある。確定給付型の場合は，あらかじめ退職者に給付する額（支給額）が決まっているもので，企業が負担する年金費用は，その給付額に見合うように計上される。

　確定拠出型は，企業が年金費用として拠出する金額があらかじめ決まっているものをいい，退職者が年金として受け取る金額が，この拠出された金額とその運用益によって決まる。

　わが国では，これまで，多くの企業が確定給付型の年金制度を採用してきた。そこで，退職給付会計基準も，確定給付型の年金制度を前提として設定されている。

確定決算主義

　法人税法では確定決算主義が採られている。法人の決算は，その計算書類（財務諸表）が株主総会において承認または報告されることによって確定する。法人税法では，そこで確定した決算書に書かれている利益額を企業所得とみなし，これをベースにして課税所得を計算する。企業が負担する税金の計算が，会社法の会計規定に大きく依存しているのである。

　元来は，このように会社法の会計規定が税法に対して「基準性」を与えるものである。会社法の決算に準拠して，課税所得を計算するのである。ところが，現実には，会社法と税法の計算を一致させると，それは諸刃の剣となり，税を回避するというモチベーションが強く働き，結局は会社法決算を歪めてしまっているという批判がある。

額面

　額面価格のこと。額面金額，額面額ともいう。株式や貨幣の表面に記載されている金額。社債の場合は，一口100円。株式については額面を記載しないことになった。

額面発行

社債の**額面金額**(一口100円)で発行されること。**平価発行**ともいう。額面を下回る価額で発行することを「割引発行」,額面を超える金額で発行することを「割増発行」という。

過去勤務債務

退職給付水準の改訂等に起因して発生した退職給付債務の増加または減少部分をいう。

貸倒懸念債権

経営破綻の状態には至っていないが債務の弁済(返済)に重大な問題が生じているかまたは生じる可能性の高い債務者に対する債権をいう。
　→ 一般債権,破産更生債権等

貸倒引当金

貸倒引当金は,次期以降に発生する貸倒損失のうち,当期に発生原因がある部分を当期の損失として計上するために設定される。あくまでも,適正な期間損益計算を行うために設定されるものである。

〔企業会計原則〕

企業会計原則では,「受取手形,売掛金その他の債権の貸借対照表価額は,債権金額又は取得価額から正常な貸倒見積高を控除した金額とする」(貸借対照表原則五C)としている。ここで「正常な貸倒」といっているのは,個々の債権を回収可能性という観点から評価したものではなく,債権全体に生じる貸倒れの確率を経験から割り出したものを指している。こうした貸倒見積額の計算を,総括評価法という。「正常な」という限定は,過去の経験から判断して正常性があること,つまり,当期費用として計上することの妥当性を指しているのである。

〔会社法〕

会社法は,株式会社の**金銭債権**について,次のような評価規定をおいている(会社計算規則5条4項)。

> 「取立不能のおそれのある債権については,事業年度の末日においてその時に取り立てることができないと見込まれる額を控除しなければならない。」

会社法は,このように,金銭債権を1件ずつ別々に回収可能性を評価して,回収不能と見込まれる部分は債権価額から直接控除することを求めている。これを**個別評価法**という。

割賦(かっぷ)販売

商品の引渡しが先に行われ,後から,その代金が分割して支払われる販売形態をいう。月賦,半年賦,年賦などがあり,短い場合は数ヶ月,長ければ数年にわたって分割して支払われる。

〔原則的な処理〕

売り手は,商品を引き渡した段階で,買い手に対する請求権(売掛金)を手に入れるから,原則として,「引渡基準」つまり,販売基準が適用される。

企業会計原則では,こうしたことから「割賦販売については,商品等を引渡した日をもつて売上収益の実現の日とする」のを原則的な方法として規定している。

〔例外基準〕

そこで,そうした主観的かつ煩雑(はんざつ)な計算を会計に持ち込まないようにするため,また,収益の計上を慎重に行うという必要から,代金を回収(入金)した分だけ収益を計上するか,割賦金の支払いを約束してある日が到来した分だけ収益を計上することも認められている。

〔回収期限到来基準・回収基準・割賦基準〕
　割賦金の回収期限が到来した日に収益を計上するのを「回収期限到来基準」，入金の日をもって収益を計上するのを「回収基準」といい，両者をあわせて「割賦基準」ともいう。

```
┌─────────────────────────────────────────────────┐
│            割賦販売の収益計上基準                │
│                                                  │
│  （本　則）　販売基準                            │
│      │    ＜割賦販売の特殊性＞                   │
│      │      ①　代金回収期間が長期にわたる       │
│      │      ②　支払形態が分割払であること       │
│      │      ③　代金回収上の危険率が高い         │
│      │      ④　貸倒引当金，代金回収費，アフターサービス費等の引当金計上に │
│      ▼         不確実性と煩雑性を伴う            │
│  （例外基準）                                    │
│      １　回収基準（入金基準）                    │
│      ２　支払期限到来（日）基準（履行日基準）    │
│           ▲                                      │
│           └──　回収日と支払期限日のいずれか早い日とする │
└─────────────────────────────────────────────────┘
```

過度の保守主義

　企業は，経営において生じた損失は自ら負担しなければならない。そこで，企業は，各期の利益を少な目に，費用を多めに計上し，資産を帳簿価額よりも充実させることによって，将来の損失に備える。こうした考え方を保守主義という。しかし，利益を控えめに，費用を多めに計上するといっても，過度に行われるならば財務諸表によって正しい経営成績や財政状態を示すことができなくなる。適度な保守的経理と過度の保守的経理との判別は，それによって投資家をミスリードすることになるかどうか，である。

株価算定法

のれんの評価方法のひとつ。買収する会社が発行している株式につけられる株価を元にしてのれんを計算する方法である。株式市場に上場している場合は，市場における株価を使い，上場していない場合は，株の実価（実質価額）を使う。

のれんの価値＝（1株の価値×発行済み株式数）－純資産額

→ 収益還元法，年買法

株価収益率

→ EPS, PER

株価と1株当たり利益

株価との関係でいうと，投資家が一番重視するのは，株価と1株当たりの利益額である。株価は，「1株当たりの投資額」であるから，それに見合った「1株当たりの利益」がいくらになるかは，投資のものさしとして使える。

この尺度を，「株価収益率」という。英語で，price earnings ratio，頭文字をとってPERという。

$$株価収益率（PER）＝\frac{株価}{1株当たり利益}（倍）$$

株価収益率は，当期の利益の何倍まで，株が買われているかを示している。株価が1,000円として，当期の1株利益が50円とすると，株価収益率は20倍（1,000÷50）となる。

これは，表現を変えると，**投資した資金が配当だけで何年で回収できるか**，ということである。上の例では，投資額（1,000円）は，利益による回収だけを考えて，20年で回収できるということである。株価は，日々変動するから，株の値上がり益も期待できるが値下がりによる損失もある。株価収益率は，こ

れらを度外視して，利益だけで投資を回収する年数を計算していることになる。
→ PER

株式

　株券に同じ。株式会社が資金調達のために発行する持分証券で，会社の株主権を示す。上場している会社の株式は，証券市場等で売買される。会社が解散するまでは預かった資金を返済しなくてもよい。
　なお，会社法では，株券を発行することを定款で定めない限り，株券を発行することができなくなった（会社法214条）。これは，公開会社についてペーパーレス化を図ろうとするものであり，非公開会社については株券を発行する必要性が小さいことを考慮したものである。

株式移転（会社法）

　1社または2社以上の株式会社がその発行済株式の全部を新たに設立する株式会社に取得させることをいう（会社法2条32号）。

株式交換（会社法）

　株式会社がその発行済株式の全部を他の株式会社または合同会社に取得させることをいう（会社法2条31号）。

株式交付費

　従来，新株発行費とされていた費用と自己株式の処分費用をいう。具体的には，株式募集のための広告費，金融機関の取扱手数料，目論見書の印刷代などをいう。しかし，株式交付費も社債発行費も換金価値や譲渡価値がないことから，支出時に費用計上するか，資産として計上することを認めるが短期間のうちに償却するという会計処理が採用される。
　自己株式とは，自社が過去に発行した株式を，合併などにより取得したものをいう。金庫株，自社株ともいう。自己株式を取得することは，かつて株式を

発行することにより調達した資金（資本）を返還することでもある。取得した自己株式を再び投資者などに引き渡すことは，株式を発行するのと同じ資金調達活動である。したがって，現在は，自己株式の処分費用を新株発行費と同じ性格のものと捉えて，両者を併せて**株式交付費**と呼ぶ。

〔会計処理〕

原則として，支出時に費用（営業外費用）として処理する。ただし，繰延資産として処理することもでき，この場合は，株式交付のときから3年以内のその効果が及ぶ期間にわたって，定額法により償却する。

株主資本

会計上は，資本金，資本剰余金（資本準備金とその他資本剰余金），利益剰余金（利益準備金とその他利益剰余金），自己株式をいう（他にも，新株申込証拠金，自己株式申込証拠金がある）。会社法では，これらを，**資本金**，**準備金**（資本準備金と利益準備金），**剰余金**（その他資本剰余金とその他利益剰余金），および**自己株式**に分類する。

要するに，会社法では，「分配可能額」を算定するために，それを構成する「剰余金」と，それ以外のうち，計上・取り崩しの規定に相違がある資本金・準備金を区分している。

会計上の分類（源泉別分類）			会社法上の分類（分配可能性分類）		
資本	資本金		分配不可能	資本金	
	資本剰余金	資本準備金		準備金	資本準備金
		その他資本剰余金			利益準備金
利益	利益剰余金	利益準備金	分配可能	剰余金	その他資本剰余金
		その他利益剰余金			その他利益剰余金

株主資本等変動計算書

旧商法では，株主に対する配当を期末配当と中間配当に限定していた。会社法では，剰余金の配当は，期末や中間決算時に限らず，期中のいつでも，期中に何回でも，行うことができる。さらにまた，株式会社の資本の部の計数を変動することや役員賞与等は，決算手続きとは切り離して行うことができるようになったため，会社法では，「利益処分案」や「損失処理案」は，制度上，廃止された。

そこで，次のような資本の部の計数を変動させる取引や損益取引に含まれない取引については，独立した計算書として，「株主資本等変動計算書」（企業集団の場合は，連結株主資本等変動計算書，持分会社の場合は，社員資本等変動計算書）を作成することになった。

株主資本等変動計算書に記載される取引

資本の部（株主資本）の計数を変動する取引
- 剰余金（その他資本剰余金またはその他利益剰余金）の配当
- 資本金の減少による準備金または資本剰余金の増加
- 自己株式の処分による剰余金の増減
- 自己株式の消却に伴う剰余金の減少
- 準備金の減少による資本金または剰余金の増加
- 剰余金の減少による資本金または準備金の増加
- 剰余金の減少による準備金の増加
- 任意積立金の積み立て・取り崩し

損益取引に含まれない（株主資本以外の，損益計算書に計上されない）取引
- その他有価証券評価差損益の増減
- 繰延ヘッジ損益の増減
- 土地再評価差額金の増減
- 新株予約権の増減
- （連結の場合）少数株主持分

株主資本利益率

→ 資本利益率

株主・資本主(しほんぬし)

株式会社の資本を提供する人が**株主**であり、より一般的に、事業の資金を提供する人を総称して「**資本主**」という。

株主にとっての利益率

資本利益率の計算で、資本として「自己資本(または株主資本)」を使うのは、株主にとっての利益率を知りたいからである。株主にとっては、会社がどれだけ儲けても、銀行などからの借入金に高い利息を支払っていたのでは、自分のところに回ってくる利益(配当)は少なくなる。株主にとっては、**会社全体としての利益率(総資本利益率)よりも、自己資本(株主資本)利益率(ROE という)が重要**なのである。利益も、配当に回すことができる利益ということで、税引後の利益が使われる。

$$自己資本(株主資本)利益率(ROE) = \frac{税引後当期利益}{自己資本(=株主資本)} \times 100 (\%)$$

貨幣性資産

現金、売掛金、貸付金など、**資金循環(G → W → G′、現金 → 商品・原材料・製品 → 現金)のうち、GまたはG′に相当するものをいう**。すなわち、投資を行う前の段階にあるか(G=現金預金)、投資の回収が終わった(G′=現金預金、売掛金、受取手形)ものを指す。

貨幣性資産は、基本的に、投下資本の回収が終わった状態のものを指すので、**次の投資あるいは支払手段として使える**という特性がある。貨幣性資産を持っていると、次の商品を仕入れるときの代金としたり、借入金の返済に充てたりすることができる。

資産の分類——貨幣性資産と非貨幣性資産	
貨幣性資産	非貨幣性資産
G→W→G′の循環を繰り返す資産のうち，GまたはG′の状態にあるもの。	G→W→G′の循環にあって，Wの状態にあるもの。
資金が未投下または回収された状態のものをいう。	資金が貨幣以外の資産に投下（運用）されている状態のもの。 この分類では，有価証券は非貨幣性資産となる。

貨幣的測定の公準

　会計が会計であるためには，企業活動を測定し，記録，計算，報告しなければならない。そうした測定を行うには，何らかの測定尺度（ものさし）が必要である。

　ある種の活動や状態を測定するには，「重さ」「面積」「体積」「枚数」「人数」「時間」「歩数」「距離」「高度」など，いろいろな尺度（ものさし）がある。会計では，そうしたものさしとして，「貨幣額」「金額」を使う。

　表現を変えると，会計では，金額・貨幣額で表現できる状況・事象だけを対象とし，金額・貨幣額で表現できない状況・事象は会計の対象としない。こうした前提を，「貨幣評価の公準」または「貨幣的測定の公準」と呼ぶ。

貨幣・非貨幣法（外貨換算）

　外貨建の項目，在外支店・在外子会社の外貨表示財務諸表を日本円に換算する場合，貨幣性資産・負債については決算日の為替相場で換算し，非貨幣性資産・負債については取引日の為替相場で換算する方法である。

カレント・レート法（外貨換算）

決算日レート法の変形として考案されたもので，次のように換算する。

資産・負債	決算日の為替相場で換算
資　　本	当初計上時の為替相場で換算
損益項目	期中平均為替相場で換算

為替（外貨換算）

現金を送付する手数・危険・不便を回避するために，手形・小切手・証書によって送金を処理する方法。外国為替は，国際間の取引によって生じる貸借を支払い委託・債権譲渡によって決済する方法。　→　直物為替

為替換算調整勘定

外国にある子会社または関連会社の資産および負債の換算に用いる為替相場と純資産の換算に用いる為替相場とが異なることによって生じる**換算差額**をいう（計算規則127条9項2号）。この科目は，**子会社等を連結するときに使う**。在外子会社等の財務諸表項目のうち，資産と負債を決算時の為替相場で換算し，他方，資本を株式取得時または項目発生時の為替相場で換算すると，借方と貸方に差額が生じる。この為替差額は，**為替換算調整勘定**として，貸借対照表の純資産の部に記載する。

為替予約（外貨換算）

将来の特定の日に，特定の通貨の外国為替を一定の条件で売買することを約定すること。

換金性

　所有する資産を現金に交換する可能性のこと。「換金性がある」「ない」とか，「換金性が高い」「低い」という言い方をする。一般に，市場性のある商品や有価証券は換金性が高く，固定資産は低い。会計では，「換金性」よりも「流動性」という表現を使うことが多い。

関係会社（会社法）

　当該株式会社の親会社，子会社および関連会社ならびに当該株式会社が他の会社等の関連会社である場合における当該他の会社等をいう（計算規則2条3項23号）。　→ 関連会社

関係会社株式（会社法）

　当該株式会社の子会社株式と関連会社株式をいう（計算規則106条3項4号）。
　これまで子会社株式は「子会社株式」の科目で，関連会社株式は「投資有価証券」に含めて表示していたが，財務諸表等規則と同様に，両者を「関係会社株式」として表示する。

監査役会設置会社

　監査役会を置く株式会社または会社法の規定により監査役会を置かなければならない株式会社をいう（会社法2条10号）。

監査役設置会社

　監査役を置く株式会社または会社法の規定により監査役を置かなければならない株式会社をいう（会社法2条9号）。監査役設置会社は，計算書類，事業報告と，これらの附属明細書について，監査役の監査を受けなければならない（会社法436条）。

慣習としての会計基準

　成文化された会社法規定，会計基準などの会計ルールと，慣習として成立している会計慣行のことを，英米では「一般に（公正妥当と）認められた会計基準」と総称する。

　英語で，generally accepted accounting principles，略して，GAAP（ギャップ）という。

　→ 会計基準

間接金融

　企業が必要とする資金を，資金を持っている人から直接に調達するのではなく，銀行や生命保険会社などを通して，間接的に調達すること。

　私たちは，ボーナスや余裕資金を，銀行に預金したり，保険会社に預託（生命保険や年金などの形で）したりする。そうやって，銀行や保険会社に集まった資金を，銀行や保険会社が，資金を必要としている企業に貸し付ける。

　資金の提供者（お金を持っている人）と，資金の需要者（お金を必要としている人）を，銀行や保険会社がとりもつことから，**間接金融**という。

　→ 直接金融

間接償却（法）

　資産の取得原価を表示し，そこから償却累計額を控除する形式で残高を表示する方法。有形固定資産の減価償却は間接償却。

管理会計・内部報告会計

　管理会計は，その名称のとおり，「（経営）管理のための会計」であり，企業経営者（内部者）に，経営管理に必要な会計情報を作成して伝達することを目的としている。内部報告会計（internal reporting）とも呼ばれる。ただし，断りなく「企業会計」というときは，通常，「財務会計」を指し，また，単に「会計」というときも，「財務会計」を指すことが多い。

　→ 財務会計・外部報告会計

関連会社（会社法）

　会社が他の会社等の**財務および事業の方針**に対し重要な**影響を与える**ことができる場合における当該他の会社等（子会社を除く）をいう。従来は，議決権の20％以上を保有すると関連会社とされたが，これが**支配力基準**に変更されている。　→　関係会社

関連会社株式

　議決権の20％以上，50％以下を所有しているなど，「他の会社（子会社を除く）等の財務，営業，事業の方針の決定に対して重要な影響を与えることができる場合」における当該他の会社を**関連会社**という。この関連会社が発行している株式を**関連会社株式**という。原価で評価する。

〔き〕

期間外損益

　当期の経常的な活動から生じる損益を期間損益と呼ぶのに対して，当期の企業活動には直接の関係を持たないか，数期間の活動に関連して発生する損益を期間外損益という。例えば，長期間にわたって保有していた土地の売却益。

期間損益計算

　企業活動の全期間を人為的に区切って（1年とか半年とか）損益計算を行うこと。

　期間損益計算を行う場合，ある期間の収支計算とその損益計算は一致しない。それは，当期に収入（例えば前受収益）があっても，それは次期の収益であることもあれば，当期に支出（例えば償却資産の取得）があっても，次期以降の費用となることもあるからである。さらには，損益に関係しない収支（借入金，貸付金など）があるからでもある。

　収入・支出と収益・費用が期間的にずれるようになると，期間損益計算の適切性を何かで保証しなければ，期間損益計算で求めた期間利益の合計と，全体損益計算で求める全体利益が一致しなくなる危険性がある。

　そこで，会計では，収支（計算）を期間損益計算のフレームワーク（枠組み）として，各期間において計上される収益・費用は収入・支出というフレームワークを使って計算・計上することにしている。

　そこでは，いずれかの期間に計上される費用の額は，いずれかの期間において費用として支払われた支出額と同額となり，いずれかの期間に計上される収益は，いずれかの期間において収益として受け取った収入額と同額となるように金額が決められる。　→　**全体損益計算，口別損益計算**

企業会計原則

　直接金融の世界では，各企業は，健全な会計ルールに従って経理を行い，その結果を広く投資大衆に公開する必要がある。そこで，健全な会計ルールとはいかなるものかを明らかにし，さらにそのルールに従って経理を行っているかどうかを，外部の専門家（公認会計士や監査法人）によって証明（公認会計士監査）して貰う必要がある。

　課税を公平に行うためにも，企業の所得を適切に把握しなければならないし，企業活動を合理化するためにも，原価計算制度などを産業界全体に浸透させる必要がある。

　企業会計原則は，昭和24年に，こうした近代的な産業と金融の世界を実現するために，英米会計の考え方や会計ルールを取り入れて設定されたものである。

　その後，数次にわたる改正によって，企業会計の実務をリードしてきたが，昭和57（1982）年の改正の後は，改正が行われていない。

　1996年に始まった会計ビッグバンにより，多くの会計基準が設定されたが，これらの新しい会計基準は企業会計原則に優先して適用される。

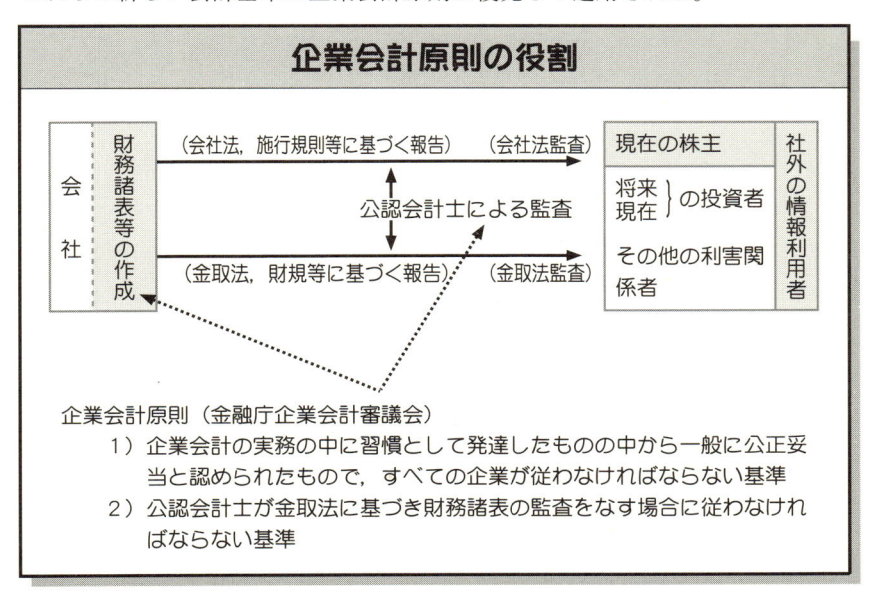

企業会計原則の役割

会社 → 財務諸表等の作成
- （会社法，施行規則等に基づく報告）（会社法監査）
- 公認会計士による監査
- （金取法，財規等に基づく報告）（金取法監査）

→ 現在の株主／将来・現在の投資者／その他の利害関係者（社外の情報利用者）

企業会計原則（金融庁企業会計審議会）
1）企業会計の実務の中に習慣として発達したものの中から一般に公正妥当と認められたもので，すべての企業が従わなければならない基準
2）公認会計士が金取法に基づき財務諸表の監査をなす場合に従わなければならない基準

企業と会社

「企業」は，生産や用役提供を目的として事業を営む主体をいう。その意味では，超歴史的な概念で，いつの時代にも，資本主義社会でも共産主義社会でも存在すると考えられている。

それに対して，「会社」は，営利行為を目的として設立される法人をいい，歴史的には，17世紀に西欧諸国が東洋貿易のために設立したのが始まりで，現在，資本主義社会ではもっとも一般的な企業形態となっている。

しかし，社会体制が変わったり，別の企業形態が支配的になれば，「会社」形態の企業はなくなるかもしれない。その意味で，会社は歴史的な存在だといわれる。

単に「会社」というときは，「株式会社」を指すことが多い。株式会社の所有者を指すときは株主といい，企業の所有者を指すときは，資本主という。であるから，「この企業の株主は……」とか「企業の所有者は株主であるから……」といった表現は適切ではない。

「企業会計原則」は，「すべての企業がその会計を処理するに当つて従わなければならない基準」（昭和24年前文）とされているが，内容的には，剰余金規定をはじめ株式会社に適用されるルール集となっている。正確には「株式会社会計原則」であるが，その他の形態の企業にも適用できることから「企業会計原則」と呼んでいる。

「企業」は，「会社」を含む便利な言葉である。特別な事情から「会社」と書かなければならない場合を除いて，「企業」という言葉を使うほうが無難である。

企業実体の公準

財務会計では，資金の提供者の立場ではなく，資金の運用を受託した者の立場で，記録・計算し，その結果を資金の提供者に報告する。資金の運用を受託する者は，一般に，経営者である。経営者が資金の運用を受託し，一定の期間が経過したら，資金の提供者に，資金運用の結果（顛末）を報告する。資金の提供者と経営者が同一人物であったとしても，会計においては，資金の運用を

受託した者（経営者）の立場で記録・計算・報告するという方法を取る。こうした考え方が，**企業実体の公準**と呼ばれる。

この公準の下では，企業に投下された資金はすべて「**企業に属する資産**」であって，資金提供者の資産とはみなさない。また，企業が借りた負債はすべて「**企業に属する負債**」と考え，資金提供者（銀行，社債権者など）が誰であるかを問わない。

企業年金制度

厚生年金保険，国民年金などの公的な年金制度に対して，民間企業が独自に行う私的年金の制度。厚生年金基金制度，適格退職年金制度などが代表的。

基準資本金額

資本金の額に 4 分の 1 を乗じた金額をいう（計算規則45条 1 項 1 号）。剰余金の配当を行う場合には，準備金の合計が基準資本金額に達するまで，剰余金配当額の10分の 1 に相当する額を準備金（利益準備金または資本準備金）として計上しなければならない（会社法445条 4 項）。

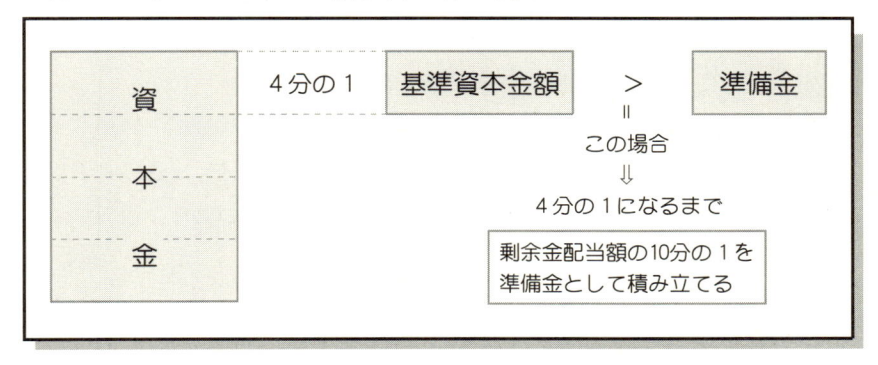

```
┌─────────┐
│  資     │   4分の1     ┌─基準資本金額─┐    >    ┌─準備金─┐
│         │                                      ‖
│  本     │                               この場合
│         │                                  ⇓
│  金     │                             4分の1になるまで
│         │                         ┌─────────────────┐
│         │                         │剰余金配当額の10分の1を│
│         │                         │準備金として積み立てる │
└─────────┘                         └─────────────────┘
```

基準純資産額

算定基準日における，①資本金，②資本準備金，③利益準備金，④剰余金，⑤最終事業年度末日における評価・換算差額等に係る額，⑥新株予約権の帳簿価額の合計額から，⑦自己株式および自己新株予約権の帳簿価額の合計額を減じた額をいう（会社法141条1項，会社法施行規則25条）。

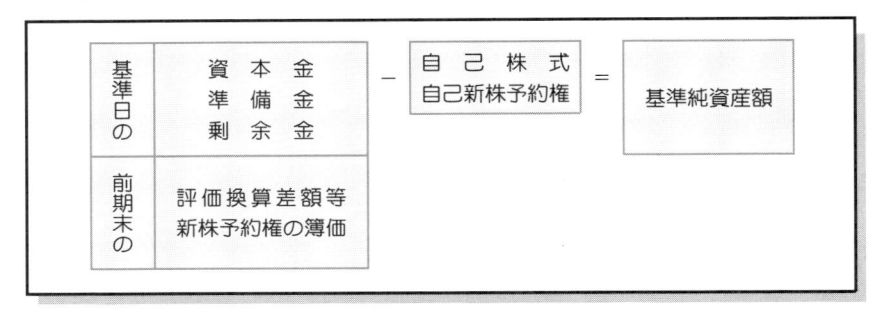

基準日の	資 本 金 準 備 金 剰 余 金	－	自 己 株 式 自己新株予約権	＝	基準純資産額
前期末の	評価換算差額等 新株予約権の簿価				

擬制資産（ぎせい）

貸借対照表には，換金性や譲渡性がない，担保価値もないものが記載されることがある。典型的には，繰延資産である。本質的には資産としての性格を持たない純粋に会計的な項目であるから，擬制資産と呼ばれる。

逆粉飾

利益を過小に，あるいは，損失を過大に報告すること。儲けすぎに対する批判をかわすためとか，翌期にＶ字回復を演出するために使われる。

　　→ 粉飾（決算）

キャッシュ

キャッシュの概念には，「現金」と「現金同等物」が入る。この場合の「現金」には，①手許現金（てもと）と②要求払預金（ようきゅうばらい）が含まれる。ここで，要求払預金とは，普通預金，当座預金，通知預金のように，預金者が要求すればいつでも引き出

せる預金をいう。定期預金は満期が来ないと引き出せないため，現金には含めない。

「現金同等物」は，「容易に換金可能であり，かつ，価値の変動について僅少（きんしょう）なリスクしか負わない短期投資」としての性格を持つ資産をいう。株式のように価格変動リスクの大きいものは資金（キャッシュ）の範囲から除かれる。

資金（キャッシュ）の範囲（例示）

現金＝①手許（てもと）現金，②要求払預金（当座預金，普通預金，通知預金など）

現金同等物＝取得日から満期日（償還日）までが3ヶ月以内の定期預金，譲渡性預金，コマーシャル・ペーパー，売戻し条件付き現先（げんさき），公社債投資信託など

キャッシュ・フロー見積法

債権の元本と利息について，元本等の支払いが見込まれるときから当期末までの期間にわたり，債権が発生した当初の割引率で割り引いた現在価値の総額と債権の帳簿価額との差額を貸倒見積高とする方法をいう。

吸収合併（会社法）

会社が他の会社とする合併であって，合併により消滅する会社の権利義務の全部を合併後存続する会社に承継させるものをいう（会社法2条27号）。

吸収分割（会社法）

株式会社または合同会社がその事業に関して有する権利義務の全部または一部を分割後他の会社に承継させることをいう（会社法2条29号）。

級数法
きゅうすう

　減価償却における定率法の簡便法といわれる。耐用年数に算術級数を用いて減価償却費を計算する方法を使えば，定率法と同じような結果が得られる。

級数法による減価償却費（1年目）
$$=（取得原価－残存価額）\times \frac{耐用年数}{1から耐用年数末までの算術級数総和}$$
（2年目以降は，分子の耐用年数を1年ずつ減らす）

例えば，耐用年数が3年であれば，減価償却率は，次のようになる。

1年目が，$\frac{3}{1+2+3}=\frac{3}{6}$

2年目が，$\frac{3}{1+2+3}=\frac{2}{6}$

漁業権
ぎょぎょう

　定置漁業権，区画漁業権，共同漁業権よりなる，漁業を営む権利をいう。

切り放し低価法

　期末に評価替えして出した**評価損（簿価切下額）**を損益計算書に計上し，当期末と次期の期首貸借対照表に記載する棚卸資産価額は，評価減された後の金額とするものである。評価減後の金額が，以後，この棚卸資産にとっての「原価」となる。棚卸資産評価基準では，いったん切り下げた簿価を翌期に戻し入れる「洗い替え法」と，戻し入れをしない「切り放し法」のいずれをも認めている。　→　洗い替え低価法

切り放し低価法

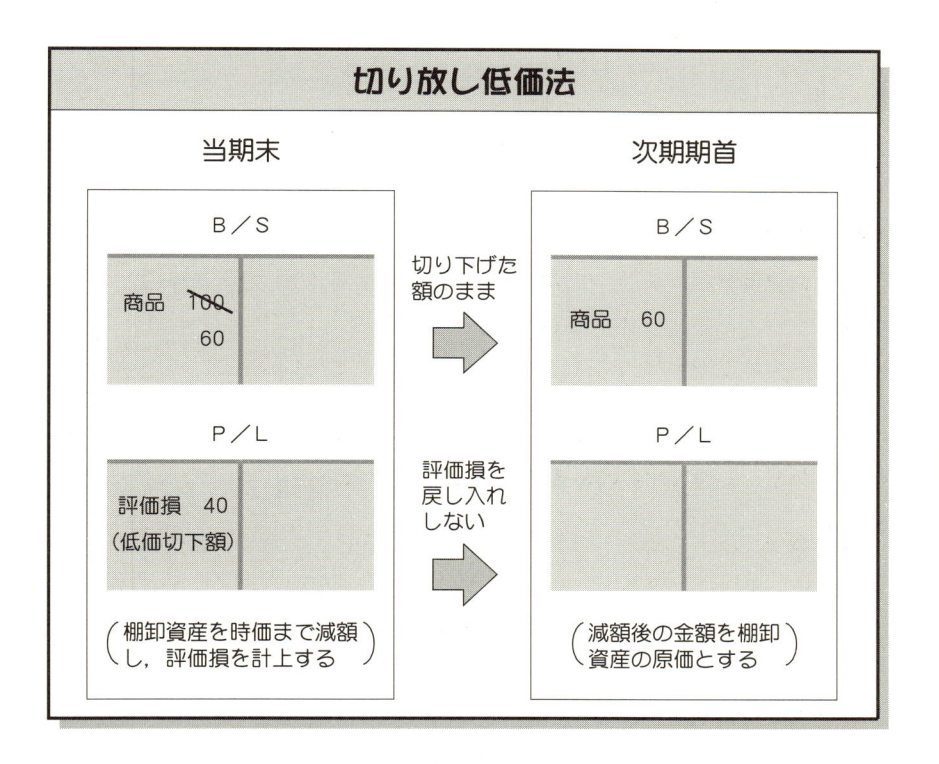

当期末

B/S
商品 ~~100~~ 60

P/L
評価損 40
（低価切下額）

（棚卸資産を時価まで減額し，評価損を計上する）

→ 切り下げた額のまま
→ 評価損を戻し入れしない

次期期首

B/S
商品 60

P/L

（減額後の金額を棚卸資産の原価とする）

金額法

　棚卸資産の原価を当期に費消した分と次期に繰越す分に分ける方法には，棚卸資産の数量によって計算する方法（例えば，先入先出法）と，数量ではなく，棚卸資産の金額だけで計算する方法がある。前者が**数量法**，後者が金額法と呼ばれている。金額法として有名なのは**売価還元法**と**金額後入先出法**（ドル価値法）である。　→ **売価還元法，数量法**

金額計算（棚卸資産）

　数量計算の結果を受けて，売れた商品・製品の原価と，期末に残存する在庫の原価を計算することをいう。方法としては，先入先出法，個別法，平均法などがある。　→ **数量計算，棚卸計算法，継続記録法**

〔く〕

偶発債務

手形の裏書譲渡，割引，債務保証，為替手形の振り出しなどを原因として，将来発生する可能性のある潜在的な債務をいう。

財務諸表等規則では，偶発債務を次のように定義している。

> 「債務の保証，係争事件に係る賠償義務その他現実に発生していない債務で，将来において事業の負担となる可能性のあるもの。」

偶発債務が現実に法律上の債務となるかどうかは，将来の事象や状況によって決まる。会計上は負債ではない。したがって，貸借対照表には記載しない。しかし，財政状態を判断する上で重要なものは，その内容と金額を貸借対照表に注記しなければならない。財務諸表等規則では，債務の保証については「その種類及び保証先等」を，係争事件に係る賠償義務については，「当該事件の概要及び相手方等」を示し，その金額を注記するとしている。

偶発損失

火災や風水害による損失や債務保証，損害賠償などの損失など，将来発生するかも知れない潜在的損失をいう。損害補償や債務保証の場合は，その発生の可能性が高く，損失の金額を合理的に見積もることができることがあり，その場合には，引当金を設定しなければならない。

口別損益計算
くちべつ

個々の取引ごとに損益を計算することをいう。昔，ヨーロッパでは，資本家が金を出しあい，国内の珍しい産物を船に乗せて海外に出向き，高値で売って得たお金で，海外の珍しい産物を購入して，本国に帰って高値で売却するとい

う事業があった。船が嵐に遭って沈没すれば，投資は無駄になるが，無事に帰国すれば巨額の利益を手にすることができたという。いわゆる，**冒険事業（ベンチャー）**である。

わが国でも，昔，紀州のみかんを江戸に運ぶために資本を集め，無事，江戸にたどり着いて高値で売ることができれば高額の配当を手にすることができたという。こうした**短期の事業の損益を計算する方法**をいう。「口別」の「口」は，「取引」とか「商品」のことをいう。

倉入れ・入庫

購入・製造した商品・製品・原材料等を倉庫に保管すること。　→　倉出し・出庫

倉出し・出庫

倉庫に貯蔵してあった商品・備品・原材料等を，販売・費消のために取り出すこと。　→　倉入れ・入庫

「クリーン・サープラス」論とダーティ・サープラス

わが国の会計は，長い間，「すべての損益項目は，必ず一度，一度だけ（一度は必ず計上するが，二度は計上しない），損益計算書に計上する」という原則を守ってきた。つまり，何らかの損益項目を，損益計算書に計上せずに，自己資本（純資産）の部（特に，剰余金〈英語で，サープラスという〉の部）を直接に変動することで処理するような，不明朗・不透明な会計処理を禁じてきたのである。損益項目であれば，すべて，正々堂々と，損益計算書に計上することを求めてきた。

こうした考え方・原則を，「クリーン・サープラス」論という。

ところが，最近のわが国では，こうした会計の考え方からはずれるような，つまり，クリーンではなく，ダーティな会計処理を認めるようになってきている。

そうしたダーティな項目として金額的に大きいのは，有価証券の評価差損益，土地の再評価損益などである。そのほかにも，自己株式の処分差損益なども「損益計算書を通さないで計上される」という意味でダーティな項目である。

繰越利益剰余金

利益剰余金のひとつ。利益剰余金は，利益準備金とその他利益剰余金からなるが，その他利益剰余金は，繰越利益剰余金と任意積立金とに分類される。前者は，株主総会等において，利益剰余金の使途が決められていないものであり，後者は，株主総会等において，その使途が決められたもの（その使い道を変更するには株主総会等の決議を必要とする）である。

なお，決算において当期純損失が計上される場合は，これまで，株主総会で損失の補填が行われるまで未処理損失として処理したが，会社法では，当期純損失は繰越利益剰余金勘定の借方に振り替える。株主総会で損失の処理が行われるまで，繰越利益剰余金は借方残（つまり，マイナス）になることがある。

```
利益剰余金 ┌ 利益準備金
           └ その他利益剰余金 ┌ 任意積立金
                             └ 繰越利益剰余金
```

繰延経理

当期に支出が行われたが，その支出を全額当期の費用とせずに，収益費用対応の原則から，一部を次期以降の費用とすること。「費用を繰り延べる」という言い方をする。

繰延資産（会社法）

会社計算規則では「繰延資産として計上することが適当であると認められるもの」を繰延資産とするという一般規定（106条3項5号）を置いた上で，いくつかの繰延資産項目についての特別の扱いを認めている。会社法では，こう

した繰延資産項目を貸借対照表に表示することを認めるが、これらの項目が費用の繰延でしかないことから、分配可能額を算定する上では、これらの項目を資産から除外（つまり、分配可能額から減額）することにしている（計算規則186条1項）。

企業会計原則における繰延資産規定

「将来の期間に影響する特定の費用は、次期以後の期間に配分して処理するため、経過的に貸借対照表の資産の部に記載することができる」（貸借対照表原則一D）

「将来の期間に影響する特定の費用」（貸借対照表原則一D）
　　　＝
① 代価支払済（または支払義務確定）
② 役務の提供は受領済み
③ 効果が将来にわたって発現するものと期待される費用（注15）

⇩

（資産として計上）「経過的にB／S上繰延資産として計上できる」（注15）

繰延経理の根拠
(1) 支出または役務の効果が、当期および次期以降に発現
(2) 支出が当期および次期以降の収益に貢献（連続意見書第5第一(二)）

　　　（種　類）
　1　創立費
　2　開業費
　3　開発費
　4　株式交付費
　5　社債発行費

繰延税金資産・負債（税効果会計）

　繰延税金資産は，会計上の当期純利益と課税所得とが相違する原因（例えば，貸倒損失の計上が税務上否認される）についての税額を調整するものであり，その調整額だけ次期において支払う税金を減少させるために，貸借対照表の資産の部に「繰延税金資産」という科目名称で資産に計上する。繰延税金資産は，いわば，法人税等の前払額である。

　他方，企業会計上は当期の費用にならない項目が，税務上損金に算入される場合には，調整額だけ次期における税金を増加させるので，調整額を「繰延税金負債」として，貸借対照表の負債の部に計上する。繰延税金負債は，法人税等の未払額ということになる。

　損益計算書の収益の側に「法人税等調整額」という科目名称で計上し，繰延税金負債は，同じ名称で費用の側に計上する。こうすることによって，損益計算書に記載される当期純利益と法人税等が対応関係を保つことができるようになる。

　基準の表現を使うと，一時差異等に係る税金の額のうち，将来の会計期間において回収または支払いが見込まれない税金の額を除いたものをいう（税効果会計基準，第二，二，1）。この額は，繰延税金資産または繰延税金負債として貸借対照表に計上しなければならない。

　かみ砕いて言うと，**繰延税金資産**は，税効果会計において，会社が当期に支払うべき税額の中で，将来戻ってくるもの，将来の税額を減らすものをいう。これは，貸借対照表に，資産として計上する。

　また，**繰延税金負債**は，税効果会計において，当期には税金を支払う必要はないが，将来において税金の支払いが生じるもの。損益計算書に計上する税金の額に加算するとともに，貸借対照表に，繰延税金負債として計上する。

繰延ヘッジ損益（会社法）

　ヘッジの対象とされたものに係る損益が，正式に認識されるまで繰り延べられる損益または時価評価差額をいう。これまでは，流動資産または流動負債に計上されてきたが，これからは，**貸借対照表純資産の部に記載**される。

　この項目は，適正な期間損益計算を行うための調整勘定と考えられることから，分配可能額の算定においては考慮されない。

繰延法（税効果会計）

　当期純利益との対応関係から税額を説明するもので，当期純利益に対応関係を持たない税金部分（つまり，税金の前払部分）を次期以降に繰り延べるという方法である。　→　**資産負債法，税効果会計**

グローバル・スタンダード

　「世界標準」という日本語を充てることが多いが，もともと**和製英語**。事実上世界中で標準的な技術・システムとして使われている場合は，**デファクト・スタンダード**（de facto standard）という。

クロス取引

　クロス取引というのは，企業が保有する**有価証券に含み益があるとき**，これを「実現」したと見せかけるための手段である。含みのある有価証券でも，取引を円滑にするために保有する株式であったり，持ち合い株などであったりすれば，売却することはできない。そこで，証券会社を通して，同じ銘柄の株について，**売りと買いを同時に出す**のである。

　A社株式100万株を1株につき200円以上で売りたいという注文と，A社株を200円以下で100万株買いたいという注文を，同時に，同じ証券取引所に出す。こうして取引を成立させて，含み益を「実現」させるのである。売り手と買い手が同一であるから，これは，**虚構の取引**である。しかし，これまで，こうした虚構の取引が，公然と認められてきた。

〈け〉

経過勘定

経過資産と経過負債を合わせて，経過勘定ともいう。

経過資産

経過勘定のうち，前払費用と未収収益のこと。前払費用は，次期の費用を当期に前払いしたものであり，次期にサービスを受ける権利を有しているといえる。未収収益は，当期に受け取るべき収益を期末現在受け取っていないものである。いずれも，ある種の権利を主張できるものであることから，バランスシートの資産側に記載する。

経過負債

経過勘定のうち，前受収益と未払費用をいう。ある種の義務を負っていることからB／Sの負債の部に掲げられる。

経済学的利益

財産法または純財産増加説によって計算した利益は「経済学上の利益」であるという人たちがいる。その根拠は，イギリスの経済学者ヒックスが「所得」概念を検討したときに，2期間の富の変化量をもって所得とする方法を紹介したことにある。一部の会計学者はこれを根拠に，ある期間における富の増加をもって利益とする考え方を，「経済学的利益」概念であるとしている。

ところが，当のヒックスは，この所得概念を紹介した後，この概念が経済学上は使えない概念だとして捨てているのである。一部の会計学者は，ヒックスの所説をつまみ食いして，自分に都合のいいところだけを利用しているのである。

今日の経済学においても，所得は，利子，給与，地代など，フローによって測定し，2期間の富の変化量によって測定することはない。

経済的耐用年数基準（リース）

フルペイアウトの判定には，原則として現在価値基準を用いるが，解約不能のリース期間が，このリース物件の経済的耐用年数の概ね75％以上であることという簡便法が認められている。

計算関係書類

計算省令では，次のものをいう（計算規則2条3項3号）。

① 会社成立の日における貸借対照表
② 各事業年度に係る計算書類およびその附属明細書
③ 臨時計算書類
④ 連結計算書類

計算書類・計算書類等

会社法における計算書類	
個別計算書類	連結計算書類
貸借対照表	連結貸借対照表
損益計算書	連結損益計算書
株主資本等変動計算書	連結株主資本等変動計算書
個別注記表	連結注記表

旧商法特例法では，この法律に基づく連結計算書類を作成することができる株式会社は大会社に限られていた。そのために，証券取引法の開示規制に基づいて「連結財務諸表」を作成している会社であっても，商法特例法の大会社に該当しない会社は，連結計算書類の作成・監査・報告手続に関する規定は適用されなかった。

会社法では，会計監査人設置会社であれば連結計算書類を作成することができること（会社法444条1項），また，証券取引法（金融商品取引法）の有価証券報告書を提出しなければならない**大会社**については**連結計算書類**の作成義務を課すことにしている（同444条3項）。

連結計算書類を作成することができる株式会社を**会計監査人設置会社**に限定しているのは，この種の会社の会計監査人になるには，証券取引法（金融商品取引法）上の連結財務諸表について専門的知識を持っている公認会計士・監査法人に限定されているからである。

その他の書類として，①**附属明細書**と②**事業報告**がある（事業報告にも附属明細書がある）。これらを含めて，「計算書類等」という。

計算書類の公告

株式会社は，定時株主総会の終結後，遅滞なく貸借対照表（大会社にあっては損益計算書も）を公告しなければならない。ただし，官報または時事に関する事項を掲載する日刊新聞紙に掲載する場合は，貸借対照表の要旨を公告することで足りる。貸借対照表を，継続して**電磁的方法**により公告する方法を選択することもできる（会社法440条）。なお，有価証券報告書を内閣総理大臣に提出しなければならない株式会社は，上の規定は適用されない。

計算書類等（会社法）

会社法上，決算において作成する書類は，次頁の表のようになった。

会社法では，**株主総会（定款に定めておけば取締役会）の決議**により，いつでも，期中に何回でも，**剰余金の配当**（株主に対する金銭の分配）をすることができるようになった。そのため，決算後における株主総会で提案される「**利益処分案（または，損失処理案）**」が廃止された。その代わりに，配当の原資となる剰余金の変動を計算表示するために「**株主資本等変動計算書**」を作成することになった。

旧商法	会社法	内容
貸借対照表	貸借対照表	会社の財政状態を表す
損益計算書	損益計算書	会社の経営成績を表す
営業報告書	事業報告	会社の業務・財政状況等の重要事項を記載
利益処分案 (損失処理案)	──	株主総会により確定した利益の処分内容を提案
──	株主資本等変動計算書	剰余金等の変動を示す
附属明細書	附属明細書	計算書類の補足情報を記載 事業報告の附属明細書も作成される

〔営業報告書から事業報告へ〕
　また，これまで「営業報告書」と呼ばれてきたものは，「事業報告」と，名称が変わっている。旧商法では「営業報告書」を計算書類の1つとしてきたが，この報告書には会計に関係のない情報も多数収容されているために，会社法では事業報告を計算書類に含めていない。書面だけではなく，インターネット（電磁的方法）によって情報提供することも認められることから，単に事業報告とし，事業報告「書」としていない。

計算書類の承認

　会計監査人設置会社の場合，一定の条件を満たせば，定時株主総会での承認を要せず，計算書類を確定することができる。取締役は計算書類の内容を定時株主総会に報告するだけでよい（会社法439条）。

計上

　→ 認識・測定・計上

経常利益

　本業の利益（営業利益）と金融活動の損益を通算した利益をいう。当該企業の「正常な」「経常的な」収益力を示すといわれる。

この数値は，当該企業が当該年度に，経常的，正常な営業活動によってどれだけの利益を上げたかを示す指標として重要である。産業界では「経常」を重箱読みして「ケイツネ」と呼ぶことがある。

継続企業の前提（会社法）

「当該事業年度の末日において，財務指標の悪化の傾向，重要な債務の不履行等財政破綻の可能性その他会社が将来にわたって事業を継続するとの前提」を「継続企業の前提」といい，この前提に重要な疑義を抱かせる事象または状況が存在する場合には，その事象・状況等を注記表において注記しなければならない（計算規則131条）。

ここで，継続企業の前提に関する注記とは，会社計算規則によれば，次の(1)のような事象または状況が存在する場合に，(2)の事項をいう（会社計算規則131条）。

(1) 継続企業の前提に疑義がある場合とは

　　会社計算規則では，「当該会社の事業年度の末日において，財務指標の悪化の傾向，重要な債務の不履行等財政破綻の可能性その他会社が将来にわたって事業を継続するとの前提（継続企業の前提）に重要な疑義を抱かせる事象又は状況が存在する場合」（131条）をいうとしている。

(2) 「継続企業の前提」に疑義を抱かせる事象・状況がある場合の注記事項（会社計算規則131条）

　　1　当該事象・状況が存在する旨とその内容
　　2　継続企業の前提に関する重要な疑義の存在の有無
　　3　当該事象・状況を解消または大幅に改善するための経営者の対応・経営計画
　　4　当該重要な疑義の影響の計算書類（連結計算書類）への反映の有無

継続記録法

棚卸資産の出し入れ（入庫，出庫）を帳簿に記録する方法をいう。

棚卸資産を受け払いするたびに，一定の帳簿（商品有高帳，材料元帳など）に記録する。そうしておけば，帳簿上，いつでも現在の在庫数量を確かめることができる。

「受け払い」というのは，商品であれば，仕入れと販売，製品であれば，製品ができあがることとそれを販売（出庫）することである。受け入れた数量と払い出した数量を見れば，これまでにどれだけ売れて，いまどれだけ在庫として残っているかをすぐに確かめることができる。

この方法は，記録を継続的に行うことから，「継続記録法」と呼ばれ，また，帳簿を使うことから，「帳簿棚卸法」とも呼ばれている。

期末の棚卸数量は次の算式で求める。

前期繰越数量＋当期仕入数量－当期費消数量＝期末棚卸数量

継続記録法の長所は，いつでも，受け入れた数量，払い出した数量，在庫として残っている数量を知ることができることで，「在庫が一定量を下回ったら発注する」などといった在庫管理に適している。

短所は，帳簿の残高が，在庫として実際に残っている数量と一致するという保証がないこと。なぜなら，いかに受け払いを正確に記録しても，在庫を保管している倉庫で，紛失や盗難が発生したり，目減りや蒸発（揮発性の在庫）が起これば，記録上の在庫数量と実際の在庫数量に違いが出てくるからである。

こうした事情のため，継続記録法を使う場合には，実際の在庫数量を確認するために，「実地棚卸」をする必要がある。実地棚卸をすると，継続記録法による計算上の期末在庫数量と実際の在庫数量を比べて，帳簿数量と実際数量の差を知ることができる。この差を，一般に「棚卸減耗」，棚卸減耗にかかる費用・損失を，「棚卸減耗費」または「棚卸減耗損」と呼ぶ。　→ 棚卸計算法

継続性の原則

企業会計原則一般原則のひとつ。

「企業会計は、その処理の原則及び手続を毎期継続して適用し、みだりにこれを変更してはならない。」

一般に、継続性の原則と呼ばれている。
この原則は、次の2つを目的としているといわれている。

① 財務諸表の期間的な比較可能性を確保すること
② 経営者の恣意的な会計操作を排除すること

（要求）　　　　　（目的）

① 会計処理の原則・手続の
　　継続的適用
　　　＝
　　処理・表示の原則・手続
　　　　適用方法
　　　　計上基準

　⇒ （財務諸表の比較性の確保
　　　利益操作の排除）⇒ 相対的真実性の確保

② みだりの変更禁止

③ 正当な理由による変更の
　　注記

＜継続性の原則を支える論拠＞
・長期間の継続適用による平均化の論理

決算公告

「広告（advertisement）」ではなく「公告（anouncement）」。官報や，日本経済新聞のような全国紙に有料で決算書を掲載することをいう。毎年，6月末になると，日本経済新聞に「決算公告特集」が掲載される。**電磁的方法（インターネットのホームページ）による開示も認められる。**

会社法の下では，規模や選択した機関設計のあり方にかかわらず，すべての株式会社が定時株主総会の終結後，遅滞なく貸借対照表（大会社にあっては損益計算書も）を決算公告をしなければならないこととなった（会社法440条1項）。ただし，官報または時事に関する事項を掲載する日刊新聞紙に掲載する場合は，貸借対照表等の要旨を公告することで足りる。

また，証券取引法（金融商品取引法）の規定により有価証券報告書を内閣総理大臣に提出しなければならない株式会社は決算公告が不要とされている（会社法440条4項）（EDINET等においてその報告書が公開されているため）。

会社法によるディスクロージャー

すべての株式会社
- 計算書類等を本支店に備え置く
  ⇒ 株主・債権者の閲覧に供す（会社法442条1項，2項，3項）
- 貸借対照表またはその要旨を「公告」
  （または「電子公告」）（会社法440条1項，2項）

電子公告による場合は省略せずに公告し，
官報または日刊新聞紙において公告する場合は要旨でよい。

大会社
── （上記に加え）損益計算書またはその要旨も「公告」
　　（会社法440条1項，2項）

「有価証券報告書」を提出する会社は，P／LとB／Sの公告は免除される。

→ EDINET

決算書

会計上の**財務諸表**または会社法上の**計算書類**を指すことばとして一般に使われている用語。専門用語としては使われないが、「決算に関連して作成される書類」程度の意味で、ハウツーものや雑誌記事で使われることが多い。

決算日レート法（外貨換算）

すべての資産・負債項目を一律に決算日のレートで換算する方法。

欠損（会社法）

旧商法では、純資産額が資本金と法定準備金の合計を下回る状態を**資本の欠損**と呼んだ。会社法では、分配可能額がゼロ以下の状態をいい、そのとき、ゼロから分配可能額を減じた額を欠損の額（ゼロ未満）とする。

欠損てん補（会社法）

会社法上、「欠損のてん補」は、特に定義されていない。現行の実務的な用語法を前提とすれば、①分配可能額がマイナスの場合に、それをゼロまで復活させるための行為、②利益剰余金がマイナスの場合（繰越損失がある場合）に、その他資本剰余金などをもって、表示上の損失を埋める行為、がある。

①の、分配可能額に関する行為については、会社法上、(a)**資本金の減少による方法**（会社法447条1項）と、(b)**準備金の減少による方法**（会社法448条1項）がある。いずれも、原則として、株主総会の決議を要し、また、一定の債権者保護手続き（会社法449条）に従う。これらの行為は、剰余金の項目の内訳変更ではないので、会社法452条にいう「剰余金の処分」には該当しない。②の、損失を埋めることは、会社法452条にいう「損失の処理」に該当するので、「剰余金の処分」である。

```
① 分配可能額がマイナス ⇐ てん補 = 資本金を減少
                                  準備金を減少

② 利益剰余金がマイナス ⇐ てん補 = その他資本剰余金など
   （繰越損失）
                                  （剰余金の処分）
```

原価

　一般に「取得原価」と同義語として用いられ，「資産を購入または製造するために要したコスト」をいう。「歴史的原価」ともいう。通常，この原価が帳簿に記載されるために「帳簿価額」または「簿価」ということもある。ただし，資産の取得後，何かの事情から原価が変更（切り下げ，評価減）された場合は，以後，変更後の原価を「原価」「帳簿価額」「簿価」という。

　つまり，「原価」「取得原価」は一般に，①原始原価（歴史的原価）と，②変更後の金額，の両方を指し，これらが帳簿に記入される場合に「帳簿価額」「簿価」とも呼ばれる。

> 　会計には，「げんか」と発音する用語が3つある。耳で聞いただけでは区別できないこともある。
>
> 減価──有形固定資産の価値が減少すること。また減少した価値のこと。
> 　　　　わが国では，無形固定資産の価値減少も，「減価」という。
> 原価──取得原価，再調達原価のように，企業が資産を取得するときに支払う対価の額。資産が企業に入ってくるときの記帳価額であることから，入口価額ともいう。売価は出口価額。
> 現価──現在価値の略。割引現価など。

原価基準

　資産を取得（購入や製作）したときの対価（支払った金額）を取得原価というが，貸借対照表に記載する金額を，基本的にこの取得原価とする方法を原価基準とか原価主義という。会社法や企業会計原則など，わが国の会計制度はこの原価基準を原則としている。

原価時価比較低価法

　低価法は，期末の時価が，買ったときの金額（原価）よりも下落した場合に，棚卸資産の評価額を時価まで切り下げ，差額を評価損として計上するものである。つまり，商品等の時価が下落して，取得したときの原価を下回るようになったときに，時価が原価よりも下落した分を評価損として損益計算書に計上し，期末貸借対照表には商品等を時価で計上する。要するに，低価法とは，原価と時価を比較して，どちらか低いほうの価額で評価する方法である。英語では，その意味を込めて「原価時価比較低価法」という。

減価償却

　建物，備品，車両運搬具などの有形固定資産（土地を除く）は，使用するか時が経過することによってその価値が減少する。この価値の減少を「減価」という。

　決算にあたり，当期中に固定資産の価値がどれだけ減少したかを計算して，①その価値の減少分を当期の費用として計上すると共に，②減価部分に相当する金額だけ固定資産の帳簿価額を減少させる。この手続きを「減価償却」という。

　無形固定資産についても「減価償却」と呼ぶが，「なし崩し償却」とも呼ぶ。

固定資産の評価・原価配分

- **有形固定資産**（除，土地，投資，建設仮，枯渇性資産）——— 減価償却
  - （例外）
    - 機能的減価が著しい場合は臨時償却
    - 土地造成費等の償却
    - 予測不能な減損，減損損失 ——— 相当の減額
- 有形固定資産のうち
  枯渇性資産（油田，立木……）——————— 減耗償却
- **無形固定資産** ——————— 減価償却（なし崩し償却）
- **投　資** ——————————————— 原則として原価評価

なお，固定資産の価値減少（減価）は，必ずしも，すべてを事前に予測できるものではない。予測できない原因で価値を失うこともある。予測ができる範囲の価値減少については減価償却を行い，予測ができない原因で価値が減少する場合には，臨時償却や評価減を行う。

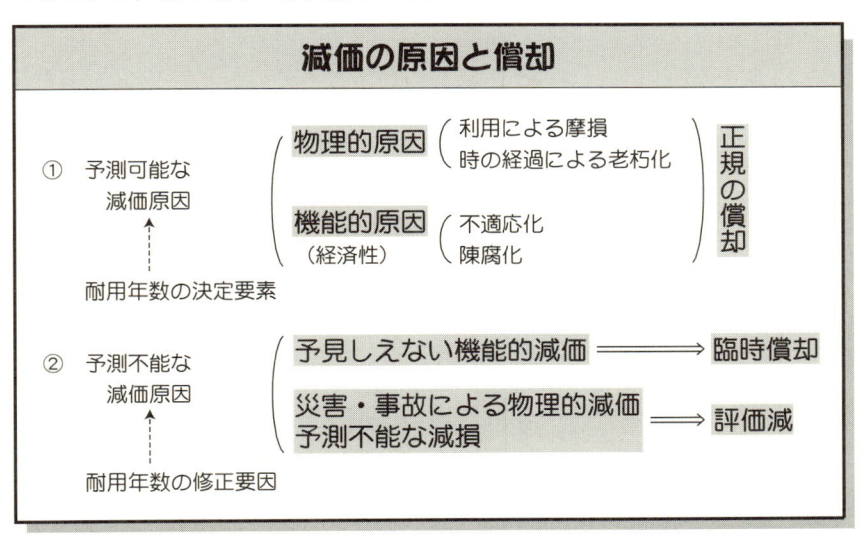

減価の原因と償却

① 予測可能な減価原因
- 物理的原因
  - 利用による摩損
  - 時の経過による老朽化
- 機能的原因（経済性）
  - 不適応化
  - 陳腐化

⇒ 正規の償却

↑ 耐用年数の決定要素

② 予測不能な減価原因
- 予見しえない機能的減価 ⟹ 臨時償却
- 災害・事故による物理的減価
  予測不能な減損 ⟹ 評価減

↑ 耐用年数の修正要因

減価償却資産の評価

減価原因	配分手続	科目	P／L表示
物理的 ｝減価 機能的	正規の減価償却	減価償却費	販売費・管理費 （または製造原価を構成）
予見できなかった 機能的減価	臨時償却	臨時償却費	特別損失 （前期損益修正）
過年度の償却不足			
災害・事故等による資産の滅失	評価減	災害損失	特別損失 （臨時損失）
租税政策上の処理 （例）投資誘引	初年度特別償却 割増償却 （取得後一定期間） ＝ 特別償却	臨時償却費に準ずる （または利益処分の一項目）	

原価と費用

　一般的には，原価は「資産の取得に要した対価（多くは，現金支出額）」をいう。「取得原価」のこと。費用は，その原価を期間配分して，損益計算書に計上されることになったものをいう。多くの場合，貸借対照表に記載されるのは「原価」で，損益計算書に記載されるのは「費用」と呼ばれる。

　棚卸資産や固定資産の場合，取得（購入）した年度にすべてが費消されるわけではなく，一部は次年度以降に費消される。原価の内，当年度に費消したとされる部分は，損益計算書に「売上原価」（棚卸資産の場合）「減価償却費」（固定資産の場合）として費用計上される。

　当年度に費用として計上されなかった部分は，次年度以降の収益に対応すべき費用として，貸借対照表に残りの原価で資産計上される。この，「残りの原価」は，次期以降に収益をあげる源泉となると期待されることから，「残存有効原価」とも呼ばれる。

英語では，原価を「cost」，費用を「expense」という。ただし，costに形容詞や限定語がつく場合は，費用の意味に使われることが多い。例：fixed cost＝固定費，labor cost＝労務費。

原価配分

資産に投下された資金（原価となる）のうち，使用，費消，目減りなどで，当期末までに効用を失った部分（費用または損失となる）と，当期末現在に残存している効用部分（期末資産の価額となる）に分けることをいう。

棚卸資産の場合は，数量計算をベースにして，次に，金額の計算をする。金額計算は，数量計算によって確かめた「期中に払い出した数量」と，「期末に残存する数量」に，取得価額を割り振ることをいう。割り振られた結果，「期中に払い出した物品の金額」とされるものは，「売上原価」（一部は，製造原価）に，「期末に残存する物品の金額」とされるものは，「期末棚卸資産原価」となる。棚卸資産の原価を2つに区分するには，先入先出法，平均法などの棚卸資産価格の計算法（金額計算）を使う。

固定資産の場合は，当期中に固定資産の価値がどれだけ減少したかを計算して，(1)その価値の減少分を費用として計上するとともに，(2)減価部分に相当する金額だけ固定資産の帳簿価額を減少させる。この手続きを「減価償却」または「固定資産の原価配分」という。　→　金額計算，数量計算

原価・費用・損失

資産を取得（購入，製造）するために投下した資金は資産の**取得原価**となるが，資産の効用は利用，費消，時の経過，陳腐化などによって減少する。消滅した資産価値のうち，収益の獲得に貢献した部分は**費用**と呼ばれ，貢献しなかった部分は**損失**と呼ばれる。

原価・費用・損失の違い

原価	一般に，資産を取得したときの対価（支払った金額）をいう。取得原価，歴史的原価ともいう。償却性資産の場合は，償却後の金額をいう。この金額が帳簿に記載されるときは，帳簿価額とか簿価という。原価は，一般的に，いまだ収益の獲得に貢献していない（次期以降に貢献が期待されている）ものである。
費用	一般的には，原価のうち，当期において，収益を獲得するために費消された部分をいう。例えば，固定資産の取得原価のうち，当期の収益獲得に貢献したと考えられる部分は，「減価償却費」として，当期の損益計算書の費用の部に掲げられる。次期以降の収益獲得に貢献すると期待される部分が，貸借対照表に「資産」として掲載される。 当期に支払った交通費・通信費・給与などは，原価として資産に計上されることなく，ただちに当期の費用として計上される。
損失	一般的には，原価のうち，収益の獲得に貢献せずに，その効用が消滅した部分をいう。そのほか，当期に，火災・盗難などによって生じた損害も，損失とされる。要するに，「損失」は，収益の獲得に貢献することなく，企業が負担しなければならないものをいう。

研究開発費

　企業は，その永続的な存続・発展のために，新製品や新しい生産方法の計画・設計，新しい知識の発見，既存の製品等の著しい改良などに巨額の費用を投じることがある。こうした費用を一括して「**研究開発費**」という。

　研究開発費会計基準によれば，「研究」と「開発」は，次の意味で用いられている。

　研究＝「新しい知識の発見を目的とした計画的な調査及び探求」

　開発＝「新しい製品・サービス・生産方法（「製品等」）についての計画若しくは設計又は既存の製品等を著しく改良するための計画若しくは設計として，研究の成果その他の知識を具体化すること」

研究開発費に含まれるのは，従来の「試験研究費」と，研究開発目的のための技術や特許等の導入のための支出としての「開発費」である。従来，開発費として処理されていたもののうち，新経営組織の採用・資源の開発・市場の開拓のための支出は，ここでいう研究開発費に入らず，これまでのように，繰延資産（開発費）として処理することができる。

　研究開発費は，すべて発生時（発生した期間）に費用（一般管理費または当期製造費用）として処理する。

　研究開発費に関しては，国際会計基準のように，一定の要件を満たすものについて強制的に資産に計上するという会計処理もあるが，わが国の基準では，要件を満たすかどうかの判断が難しいことと，費用発生時において将来の収益を獲得することが可能であるかどうかを確実に予測することが困難であることなどの理由から，発生時に全額を費用処理することにしている。

現金同等物

　商品・製品の対価としては，一般に，現金あるいは現金に近い資産を受け取る。売掛金や受取手形である。現金に近い資産のことを「現金同等物」と呼ぶ。以前は，現金等価物と呼んだが，「等価」という表現が適切ではないので，最近では，現金同等物という。

　「現金に近い」とか現金同等物というのは，次の3つの条件を備えたものを指す。

現金同等物の条件

① 特別の努力をしなくても，短期間に現金に換わること
② 販売とか売却のプロセスを経る必要がないこと
③ すでに評価が完了していて，金額が変わらないこと

　現金と現金同等物を合わせて，「貨幣性資産」と総称する。

現在価値基準（リース）

フルペイアウトの判定において原則とされる基準で，解約不能のリース期間中のリース料総額の現在価値が，このリース物件を借手が現金で購入するものと仮定した場合の合理的見積金額（見積現金購入価額）の概ね90％以上であることをいう。この方法の簡便法として，経済的耐用年数基準がある。

減資（資本金の減少）

会社法上，資本金の額が減少するのは，①その他資本剰余金を増加させる（計算規則50条1項1号）場合と，②資本準備金を増加させる（計算規則49条1項1号）場合である。資本金の額を減少して，その額を利益準備金やその他利益剰余金の増加として処理することはできない。

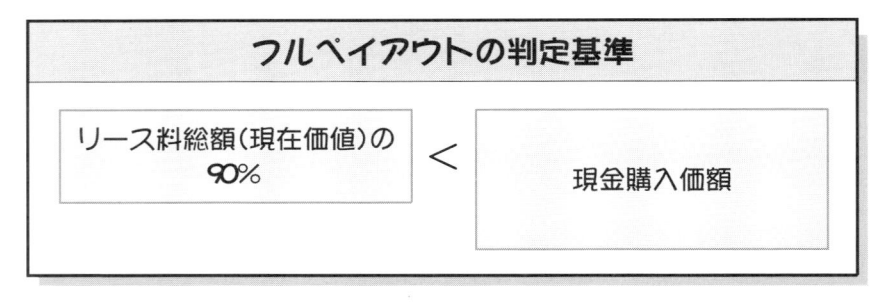

フルペイアウトの判定基準

リース料総額（現在価値）の90％　＜　現金購入価額

検収基準

特殊な仕様の製品を受注した場合などには，納品しただけでは収益を計上できないことがある。例えば，特殊な機能を持った医療器具とか，高額な飛行機とか，特許がからんだ製品とかは，見込み生産ではなく，注文生産が普通である。

こうした場合，注文主が製品をチェックして，注文どおりに仕上がっていることを確認するまでは，収益を計上することはできない。こうした場合には，取引先の検品が終わって，買い取ることを確認してから収益を計上する。こうした基準を，「検収基準」という。　→ 出荷基準，販売基準

〈営業活動のプロセス〉

仕入(生産) ⇒ 保管 ⇒ 受注 ⇒ 契約 ⇒ 発送(出荷) ⇒ 引渡し ⇒ 得意先検収 ⇒ 代金請求 ⇒ 代金回収

収益計上時期とその基準 →
- 発送基準
- 出荷基準
- 引渡基準
- 着荷基準
- 検収基準

（販売基準）

- 支払期限到来基準
- 回収基準（入金基準）

建設仮勘定

　企業が自前で（つまり，他の業者に頼まずに）建物などの有形固定資産を建設する場合に，完成するまでに支出した金額を一時的に処理するための勘定である。経営目的のために使用することを目的として，建設または製作の途中にある有形固定資産としては，例えば，次のようなものがある（財規ガイドライン22－8，①②③④）。

- ・　設備の建設のために支出した手付金または前渡金
- ・　建設の目的のために取得した機械等で保管中のもの
- ・　建設等の目的に充てるため購入した資材・部品

減損（減損基準）

　「資産の収益性の低下により投資額の回収が見込めなくなった状態」をいい，減損処理とは，そのような場合に，「一定の条件の下で回収可能性を反映させるよう帳簿価額を減額する会計処理」をいう（減損会計基準意見書）。

表現を変えると,「減損」とは,所有する固定資産を使用することによって得られる**投資収益**が,その資産を取得した時の**投資額（取得原価）**を下回るようになったとき,つまり,投資が失敗したことをいう。

減損の兆候（減損基準）

企業が保有するすべての固定資産について減損が生じているかどうかを検討するのは,至難であるとともに,経済的合理性がない。そこで,減損が生じている可能性が高いものを抽出して,減損が生じているかどうかを判断する。

減損が生じている可能性が高いものは,多くの場合,何らかの兆候があるはずである。例えば,資産の時価（市場価格）が著しく下落したような場合には,減損が生じていると推理できる。減損会計では,最初に,そうした減損の兆候のある資産（資産グループ）を探して,これに減損損失が生じていないかどうかを検討する（これが,**減損損失の認識**である）。

減損会計基準では,以下のようなケースを「減損の兆候」として例示している（二,1）。「資産」には「資産グループ」を含めている。

減損の兆候（例示）

① 資産の市場価格が著しく下落したこと（市価の下落）
② 資産の使用から生じる営業損益またはキャッシュ・フローが,継続してマイナスになっている（または,その見込みがある）こと（継続的営業損失）
③ 資産の回収可能価額を著しく低下させる変化が生じている（または,その見込みがある）こと（回収可能価額の低下）
④ 資産を使用している事業に関連して,経営環境が著しく悪化した（または,その見込みがある）こと（経営環境の悪化）

こうした兆候がある固定資産（または，資産グループ）については，次に，減損損失を当期に認識（金額を測定し，損失として計上すること）するかどうかの判定を行う。

減損処理（減損基準）

　固定資産に減損が生じたときに，その減損の額（投資額の回収が見込めなくなった額）を計算して，固定資産の帳簿価額（簿価）を減額し，その分だけ，損益計算書に損失を計上することをいう。

　その結果，損益計算書には，当期（まで）に発生した固定資産の価値減少を減損損失として計上し，貸借対照表では固定資産の価額（貸借対照表に記載する金額）を，購入したときの価額（取得原価）ではなく，現在の価値（投資の回収可能額）に修正して記載されることになる。

減損損失の処理手順（減損基準）

　企業は，以下のような手順で，減損処理をするかどうか，減損処理するとすれば減損額はいくらか，を決める。

① 減損の兆候があるかどうかを調べる（減損の兆候）
⇩
② 減損損失を計上するかどうかを判定する（減損損失の認識）
⇩
③ 減損損失の金額を測定する（減損損失の測定）

減損損失の測定（減損基準）

　「割引前将来キャッシュ・フローの総額」と「帳簿価額」を比較して，キャッシュ・フローの総額が帳簿価額を下回れば減損損失を計上することになる。ここで「割引前将来キャッシュ・フローの総額」が「帳簿価額」を下回っても，その下回る額を減損損失とするのではない。計上する損失の額は，回収可能価

額をベースに計算する。回収可能価額が帳簿価額を下回る額を計算して、当期の損失とする。これが、減損損失の測定である。

減損損失の認識（減損基準）

減損の兆候が認められる資産について、本当に、当期において減損損失を計上する必要があるかどうかを判定することをいう。実際には、「割引前将来キャッシュ・フローの総額」と「帳簿価額」を比較して、前者が小さければ、減損損失を計上する。

　　割引前将来キャッシュ・フローの総額　＜　帳簿価額

現物配当

配当財産が金銭以外のもの（例えば、会社の製品）をいう。原則として、**株主総会の特別決議**によらなければならない。金銭による配当と同じく、株主の有する株式の種類と数に応じて配当財産を割り当てる。**配当財産を時価で評価替えし、時価と簿価の差額は当期の損益として計上し、評価替え後の簿価（つまり、時価）により剰余金を減少させる**（会社法454条4項）。

権利金

不動産の賃貸借に際して、賃借権を設定する対価として、賃借人（借り手）が賃貸人（貸し手）に支払う金銭。ふつう、賃貸借契約が終了しても返済されない。　→　**敷金**

〔こ〕

公開

「開示」,「ディスクロージャー」と同じ。不特定多数の者を情報の受け手として，情報を伝えること，あるいは，情報に誰でもがアクセスできるような状態にすること。

会計ディスクロージャーは，現在はまだ資金の委託・受託の関係がない人たちも含めて，社会一般に企業内容を公表する制度である。株式会社などは法律等によって企業内容を公表することが義務づけられているが，特定の誰かが情報を受け取る権利を有しているわけではない。

公開会社（会社法）

一般的な用語としては，会社の株式が一般の投資家に広く分散所有されている会社，特に，証券取引所に上場されている会社をいう。新しい会社法では，次のような意味で用いている。

すなわち，公開会社とは，その発行する全部または一部の株式の内容として譲渡による当該株式の取得について株式会社の承認を要する旨の定款の定めを設けていない株式会社をいう（会社法2条5号）。

要するに，一部について譲渡制限が付されていない株式を発行する会社，非譲渡制限株式発行可能会社を指している。

鉱業権

鉱業法の規定により，政府の登録を受けた土地や鉱区で，鉱物を採掘する権利をいう。

工事契約
　→ 長期請負工事

公準

　哲学上の概念で,「要請」ともいい,辞典的には「公理のように自明ではないが,証明不可能な命題で,学問上または実践上,原理として承認されているもの」(広辞苑)をいう。会計公準は,会計を成り立たせている前提の意味で用いられ,通常,企業実体の公準,会計期間の公準,継続企業の公準,貨幣的測定の公準などがある。

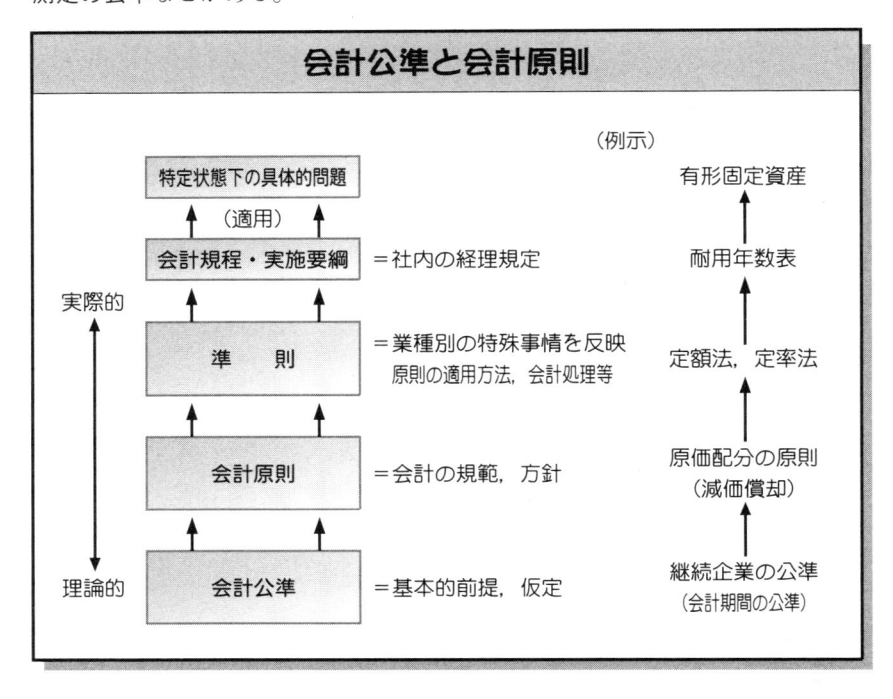

会計公準と会計原則

		（例示）
特定状態下の具体的問題		有形固定資産
↑（適用）↑		↑
会計規程・実施要綱	＝社内の経理規定	耐用年数表
↑		↑
準則	＝業種別の特殊事情を反映 　原則の適用方法,会計処理等	定額法,定率法
↑		↑
会計原則	＝会計の規範,方針	原価配分の原則 （減価償却）
↑		↑
会計公準	＝基本的前提,仮定	継続企業の公準 （会計期間の公準）

（左側：実際的 ↕ 理論的）

企業会計の役割と会計公準

```
企業における              一定の時点の
経済現象（＝経  一定の方法で     経済価値の状態
済価値とその変  記録・計算・                    を測定・伝達
動）を          分類し                          する制度
                            一定期間の
(対象＝取引)   (主に複式簿記   経済活動の成果
                による)
                            (財政状態           (主に貨幣額で)
                            経営成績)

企業実体                    継続企業        貨幣的測定
の公準                      の公準          の公準
```

会計公準＝企業会計が成り立つための基礎的前提，仮定，慣習，基礎概念

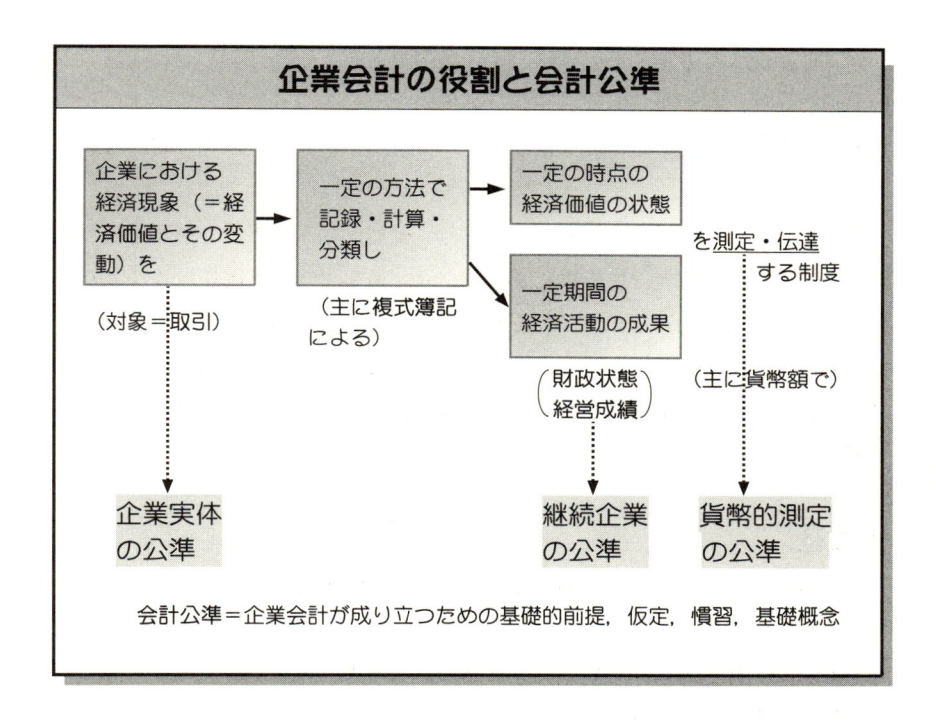

ゴーイング・コンサーン

　一般に企業は，半永久的に活動を行うことを前提にして営まれる。こうした企業を「ゴーイング・コンサーン（継続企業）」という。「コンサーン」とは，事業とか企業のことである。

　会計を行うには，企業が（ある程度）永続的に活動を続けるということを前提としなければならない。これを，「継続企業の公準」という。

ゴーイング・コンサーンの会計

　企業の活動が半永久的なものであると考えると，会計もそうした永続的な企業活動を前提として行う必要がある。もともと，ゴーイング・コンサーンの企業活動は，半年とか1年という時間的な区切りで行うものではない。企業は半永久的に継続するものとして営業が行われる。

[83]

例えば，数十年も使えるような工場・建物を建設したり，10年後に返済する借金をしたり，数十年にわたる役務提供契約を交わしたり，数年分の原材料をまとめて購入したりするのは，企業活動が半永久的なものだと考えているからである。

企業活動は半永久的に行われるとしても，**企業活動が効率的であるかどうかを判断**したり，**出資者に定期的に配当**したり，**所得に対する課税計算**などをする必要から，決算は，半年に1回とか1年に1回，定期的に行われる。永続的な企業活動を，半年とか1年という時間で区切って，その期間における損益を計算し，利益が出れば配当や納税に回すのである。こうして行われる会計を，「期間損益計算」と呼んでいる。

子会社

「会社がその総株主の議決権の過半数を有する株式会社その他の当該会社がその経営を支配している法人として法務省令で定めるもの」(会社法2条3号)をいう。子会社かどうかの判定は，従来の**持株基準**（過半数所有かどうか）から**支配力基準**に変更されている。

子会社株式

複数の会社が，支配する会社とそれに従属する会社の関係（支配従属関係）にあるとき，従属的な立場にある会社を子会社，支配的地位にある会社を親会社という。子会社株式は，この子会社が発行している株式を親会社が所有しているものである。原価で評価する。

国際会計基準

1973年に主要国の会計士団体が**国際会計基準委員会**(International Accounting Standards Committee：IASC) という民間の機関を設立したが，その機関が，財務諸表の国際比較を容易にすることを目的として公表する会計基準（International Accounting Standards：IAS）をいう。

現在では，IASCは国際会計基準審議会（International Accounting Standards Board：IASB）と名称を変え，また，IASも国際財務報告基準（International Financial Reporting Standards：IFRS）と名称を変えている。

わが国では，企業会計基準委員会が，2011年までに，IAS・IFRSを国内基準とすることを宣言している。

国庫補助金

国が，特定の産業等の振興を助成するために，個別の企業に交付する資金。赤字の補塡（ほてん）や利子の補給のように，営業を助成するものと，特定の固定資産等を購入するための資金助成がある。後者を建設助成金ともいう。　→ 圧縮記帳

固定資産

営業循環しない資産（非営業循環資産）のうち，1年を超えて現金化すると予想される資産は，固定資産と呼ばれる。G → W → G′ という資金の循環において，WからGに変わることを予定していない資産，あるいは，Gに変わるのに1年を超える資産である。

耐用年数（使用期間）が1年未満か，金額が僅少（きんしょう）な工具・器具・備品は，固定資産に含めず，流動資産の中の「消耗工具器具備品」に分類する。例えば，工場で機械生産の補助的な用具として使われる切削（せっさく）工具，計測器具，分析器具などである。

固定資産は，有形固定資産，無形固定資産，投資（投資その他の資産）に3分類される。それぞれに属する代表的な資産は次表のとおりである。

有形固定資産	土地，建物，構築物，機械装置，船舶，車両運搬具，建設仮勘定
無形固定資産	特許権，借地権，商標権，のれん（営業権）
投資その他の資産	投資有価証券，長期貸付金，長期前払費用，投資不動産

固定資産をこのように3区分するのは、大雑把に言って、(1)不動産（土地、建物など）のように、その存在を目で確かめることができる有体物、(2)そうした外形を持たない無体物、(3)それ以外、に分けるためである。

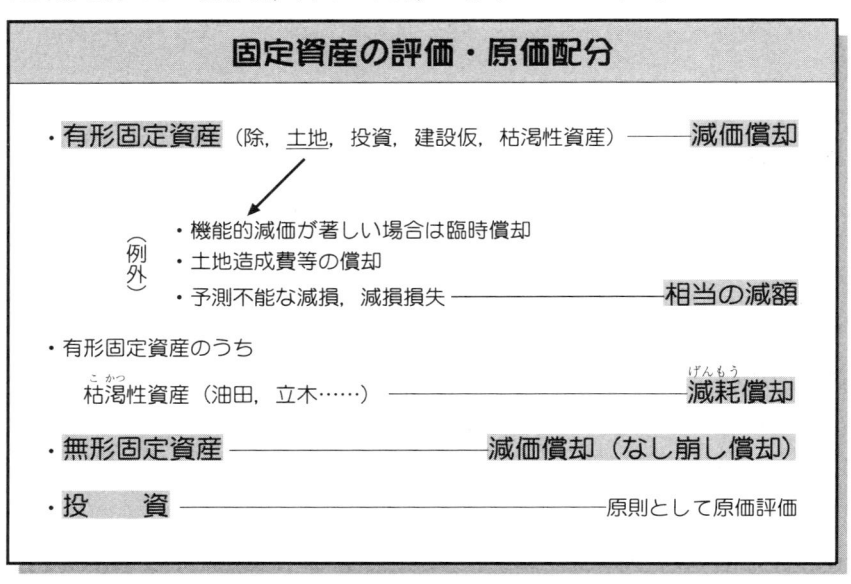

固定資産の評価・原価配分

- **有形固定資産**（除，土地，投資，建設仮，枯渇性資産）────**減価償却**

  （例外）
  - 機能的減価が著しい場合は臨時償却
  - 土地造成費等の償却
  - 予測不能な減損，減損損失 ────**相当の減額**

- 有形固定資産のうち
  枯渇性資産（油田，立木……）────**減耗償却**

- **無形固定資産** ────**減価償却（なし崩し償却）**

- **投　　資** ────原則として原価評価

固定資産の流動化

土地以外の固定資産は、減価償却によって取得原価を期間に配分する。配分された原価は、その期の収益から回収される。毎期、これを繰り返すことによって、固定資産に投下された資金は、その耐用年数が終わるまでに、収益から回収されるのである。

収益（売上高）としては、一般に貨幣性資産を受け取るので、回収される原価は、貨幣性資産に変わる。固定資産は、減価償却を通して流動資産に変化するのである。これを「固定資産の流動化」という。

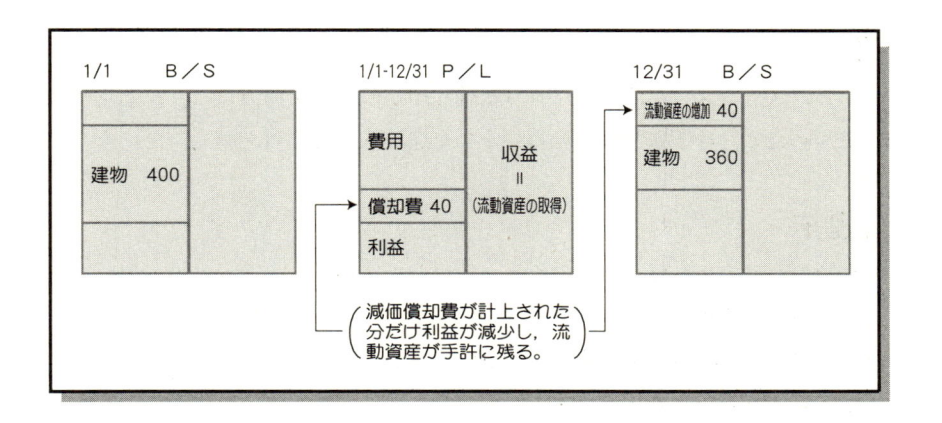

```
1/1   B／S              1/1-12/31 P／L           12/31   B／S
┌──────────┬─────┐   ┌──────┬──────────┐      ┌─────────────────┐
│          │     │   │ 費用 │   収益   │   →  │流動資産の増加 40│
│ 建物 400 │     │   ├──────┤    ∥     │      │                 │
│          │     │   │償却費40│(流動資産の取得)│      │ 建物     360    │
│          │     │   │ 利益 │          │      │                 │
└──────────┴─────┘   └──────┴──────────┘      └─────────────────┘
                      ( 減価償却費が計上された )
                      ( 分だけ利益が減少し，流 )
                      ( 動資産が手許に残る。   )
```

固定性配列法

　固定性配列法の場合は，借方（左側）は，固定資産を最初に，流動資産を後に記載し，貸方（右側）は，自己資本（株主資本）から書きはじめて，負債も固定負債を上に，流動負債を下に記載する方式である。

　固定性配列法は，長期性の資金源泉（自己資本や固定負債）と長期性の資産（固定資産）との対応を重視したものである。両者が，金額的に釣り合っていれば，その企業は，財政的に安定していると見られる。　→ 流動性配列法

```
     固定性配列法              流動性配列法
         B／S                     B／S
┌──────────┬──────────┐  ┌──────────┬──────────┐
│          │  資 本   │  │          │ 流動負債 │
│ 固定資産 ├──────────┤  │ 流動資産 │ 固定負債 │
│          │ 固定負債 │  ├──────────┼──────────┤
│ 流動資産 │ 流動負債 │  │ 固定資産 │  資 本   │
└──────────┴──────────┘  └──────────┴──────────┘
```

誤謬(ごびゅう)

ケアレス・ミス（不注意）による単純な誤り。計算を間違えたり，勘定科目を間違えたり，うっかりして記録するのを忘れる，といった間違いをいう。

個別法

高額の商品であれば，モノの流れを仮定して原価配分することはしない。乗用車とか建売住宅などの高額商品は，商品がどういう流れ方をしていようが，売上げに対応される原価はその商品自体の原価（個別原価という）である。こうして売上原価を計算する方法を個別法という。

コモン・ロー

イギリス法系の法制。英米法のこと。基本的には，慣習や判例を積み重ねて，法を形成する。したがって，不文法（法を文書化しない）の場合が多い。ただし，最近では，英米でも基本的なことは法定するようになってきた。

→ 大陸法

〔さ〕

債権と債券

　発音が同じであり，内容も似ているために，しばしば混同される。**債権**は財産権の1つで，特定の人（**債権者**）が特定の人（**債務者**）に対して一定の行為（給付）を請求することができる権利。例えば，**売掛金**や**受取手形**は，買い手（債務者）に代金の支払いを請求する権利。

　債券は，有価証券のひとつ。国や会社が資金を一般から借り入れるために発行するもの。国が発行するものを**国債**，会社が発行するものを**社債**という。債券を所有している者にとっては資産（財務諸表上の表示は「有価証券」または「投資有価証券」）であり，債券を発行した者にとっては返済義務があるので，**債務証券**。財務諸表上の表示は，負債の部に「社債」。

債権者・社債権者

　企業に対して債権（債券だけではない）を有する者を**債権者**といい，会社が発行した社債を購入・所有している者を**社債権者**という。

在庫

　倉庫に保管してある商品・製品・原材料をいう。店頭に陳列してあるものを含むこともある。

財産法

　期末の自己資本（純資産）から期首の自己資本（純資産）を差し引いた差額として利益を求める方法をいう。実際の財産というストックの増加を確認してこれを利益とするのであるから，計算は確実であり，利益の存在を目で確かめることができる。**純財産増加説**ともいう。　→ 損益法

利益を計算する2つの方法	
財産法	期首にあった純資産と期末の純資産を比べて、増加した分を純利益とする方法。 　　期末純資産　－　期首純資産　＝　当期純利益
損益法	期間中の収益から費用を差し引いて、その残りを純利益とする方法。 　　当期の収益　－　当期の費用　＝　当期純利益

財産目録

　財産というときは、会計上、資産と負債を合わせたものを意味する。現在では、資産・負債の金額は貸借対照表や附属明細書の金額と同じと考えられることから、財産目録は作成されていない。

　資産は、帳簿を離れて、実際に調査、鑑定、評価して作成する。

財産目録的貸借対照表

　簿記の帳簿記録から離れて、棚卸しした財産を時価で評価して作成した貸借対照表。

再調達原価

　取替原価ともいう。期末に同一の棚卸資産を仕入れ直したら（製造し直したら）いくらになるか、という仮定で計算した時価をいう。この場合、通常の仕入れ量、いつもの仕入先・仕入れ条件等で仕入れる（製造する）ことを前提とする。　→　正味実現可能価額、正味売却価額

財と財貨

「財」はモノのこと。「貨」は，お金。「財貨」というと，モノとお金を指す。「財貨を受け取る」というのはいいが，「財貨を生産する」という表現は，間違い。「お金を生産する」というと，通貨を偽造することになってしまうからである。財物という言葉もある。お金とモノを指す。ただし，会計ではめったに使われない。

財務会計・外部報告会計

財務会計(financial accounting)は，その名称の通り，「財務(資金調達)のための会計」であり，必要な資金を調達するために企業外部者（株主，銀行など）に経営内容や経営成績などを伝達することを目的としている。そこで，外部報告会計(external reporting)とも呼ばれる。　→ **管理会計・内部報告会計**

財務諸表等規則

会計情報の公開の仕方（主に，財務諸表のひな形）に関する規定をおく内閣府令。一般に，「財規」と略称・略記される。正式には，「**財務諸表等の用語，様式及び作成方法に関する規則**」という。金融商品取引法の細則に当たる。会計に関する実質的な規定（例えば，利益計算，資産評価，原価配分などの規定）は定めていない。

この規則の取り扱いに関する留意事項をまとめた「**財務諸表等規則ガイドライン**」（金融庁総務企画局）が公表されている。

財務諸表等規則（財規）は，証券取引所に上場しているような大規模会社だけを対象としている。そうした会社には極めて多数の投資者（現在の株主だけではなく，これからこの会社の株を買おうかと考えている潜在的な投資者もいる）が，全国・全世界に散在している。トータルな投資額も巨額にのぼるであろう。そのために，財規の規定は，**会社法施行規則等**よりも，より細かく，また，ある程度の専門知識があることを前提にして財務諸表が作成されるように規定されている。　→ **会社法施行規則等**

債務(性)・負債(性)

債務は，他人に対して一定の給付(または行為)をなすべき義務。法律上の用語。

負債は，他人から金銭・物資を借りていること。会計上は，将来において他人に支払うべき義務。引当金を含む点で債務よりも広い概念であるが，**債務は金銭債務以外のものを含む点で，負債と範囲を異にしている。**

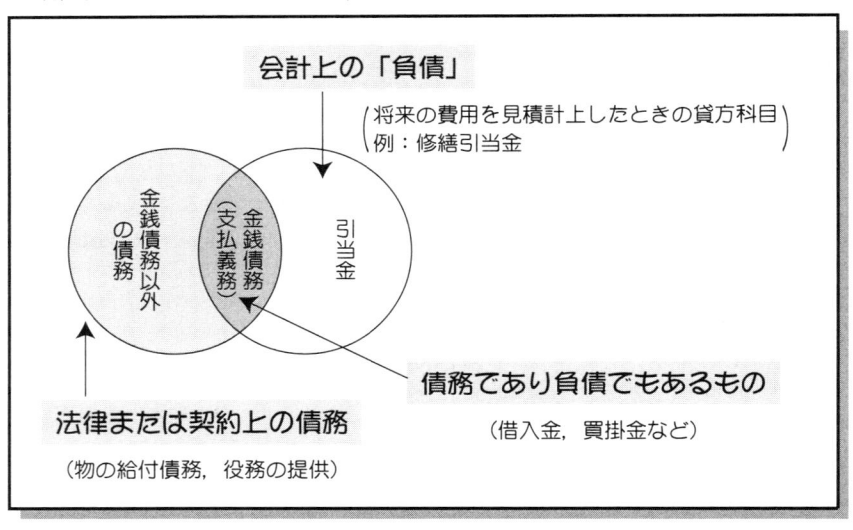

```
           会計上の「負債」
              ↓
        (将来の費用を見積計上したときの貸方科目)
        (例：修繕引当金                          )

   ┌─金銭債務以外─┐┌金銭債務┐┌引当金┐
   │  の債務     ││(支払義務)││      │
   └─────────┘└────┘└────┘
            ↑              ↓
      法律または契約上の債務   債務であり負債でもあるもの
       (物の給付債務，役務の提供)  (借入金，買掛金など)
```

財務内容評価法

債務者に対する債権額から，担保があればその処分見込額，返済の保証がなされている場合にはその保証による回収見込額を減額し，その残額に**貸倒見積額を算定する方法**をいう。

債務保証損失引当金

親会社が子会社の債務について保証人となっている場合に，子会社が債務を履行できなくなる可能性が高くなってきたときに設定されるものである。

先入先出法
（さきいれさきだし）

　大量販売される少額の商品は，先に仕入れたモノから順番に販売される。生鮮食品を考えてみれば，しごく当たり前のことであることがわかるであろう。衣料品なども，流行遅れにならないように，店頭に長く置いて汚れたりしないように，仕入れた順番に販売されるように工夫している。

　ここでは，モノは「先入先出」的に流れる。そこで，売上数量を計算するときも，売上原価を計算するときも，先に仕入れたモノの原価から順番に売り上げた原価に算入していく。棚卸資産の原価を，こうしたモノの流れを仮定して売上原価と次期に繰越す原価とに配分する方法を先入先出法という。

　→　後入先出法（あといれさきだし）

残存勤務期間
（ざんそん）

　現在から，予想される退職までの期間。

残存有効原価
（ざんそん）

　資産の原価は，当期に費消された部分（費用となる）と，次期以降の収益獲得に貢献する部分に分けることができるが，「次期以降の収益獲得に有効な原価」という意味を込めて「残存有効原価」という。残存有用原価ともいう。

300万円規制（会社法）

　資本金，準備金，新株予約権，評価・換算差額（差益）が300万円以下の場合には，その差額を分配可能額から減額する（計算規則186条6号）。要するに，会社法では，評価・差額金などの評価益と配当拘束がかかっている資本金と準備金（配当は剰余金からしかできない）の合計が300万円あれば残りを分配可能としている。

〔し〕

仕入先

　商品を購入する相手先。仕入先が多いときは，仕入先ごとの帳簿（仕入先元帳）を作成する。　→ 得意先

時価（減損基準）（金融商品会計基準）

　減損基準では，「公正な評価額」をいう。通常，それは観察可能な市場価格をいい，市場価格が観察できない場合には合理的に算定された価額をいう。

　金融商品会計基準の「時価」の定義では，「時価とは公正な評価額をいい，市場において形成されている取引価格，気配又は指標その他の相場に基づく価額」をいい，「市場価格がない場合には合理的に算定された価額を公正な価額とする」とされている。両者の定義には，特別の相違はない。ただし，ここでいう「時価」は，市民感覚としての「時価」よりも範囲が広いようである。市民感覚または一般的・辞典的な解釈では，「時価」は市場価格か相場価格であり，「合理的に算定された価額」までも時価とは呼ばないであろう。

時価基準・時価主義

　商品や製品の場合，その時価には，購入市場（商品なら卸売市場）の価格と販売市場（商品なら小売市場）の価格がある。仕入れ値と売値である。有価証券や不動産の場合は市場が1つしかないので，時価も1つである。

　こうした市場価格によって貸借対照表の金額を決める方法を，時価基準または時価主義という。企業を経営する人たちにとっても，その企業に投資している人たちにとっても，資産の時価は，非常に重要な情報である。

直物為替(じきものかわせ)

現物(げんぶつ)為替のこと。売買契約の成立時に外国為替と自国通貨（円）との受け渡しが行われる外国為替をいう。これに対するのは，先物(さきもの)為替。先物は，あらかじめ，将来に受け渡す取引の条件を決めて売買契約をする銘柄をいい，先物に適用される為替を先物為替という。　→　為替

敷金(しききん)

不動産の貸借に際して，借り手が貸し手に対して預ける保証金。家賃などの滞納，損害賠償の担保とされる。権利金と異なり，契約完了時に，清算（返済）される。　→　権利金

事業報告（会社法）

旧商法の営業報告書を，会社法では「事業報告」と名称を変更した。旧商法では，営業報告書を計算書類の一つとしてきたが，この報告書には会計に関係のない情報も多数収容されているために，会社法では事業報告を計算書類に含めていない。

事業報告では，会社の状況に関する重要な事項（計算書類，その附属明細書，連結計算書類の内容となる事項を除く）を内容としている（施行規則118条）。事業報告には附属明細書が作成され（施行規則128条），一定の書面または電磁的方法（インターネット）によって株主に提供されなければならない（施行規則133条2項）。

資金提供者

企業や事業に運用資金を投下する人。出資者。株式会社であれば，株主と債権者。

自己株式

会社が所有する自己の株式をいう(会社法113条4項)。自己株式を消去した場合,剰余金の額は減少するが分配可能額は変動しない。

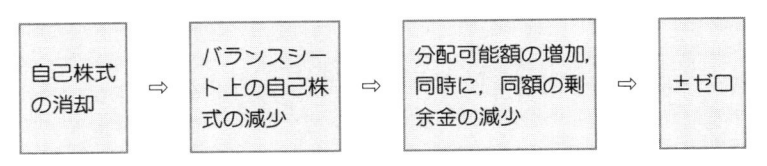

自己株式の消却 ⇒ バランスシート上の自己株式の減少 ⇒ 分配可能額の増加,同時に,同額の剰余金の減少 ⇒ ±ゼロ

自己株式交付費(会社法)
→ 株式交付費

自己資本

企業の所有者が資本として提供した資金とその増加分(の内,社内に留保した金額)をいう。「自己」というのは,資金提供者が「自分」だということを意味している。株式会社の場合は,資本の提供者が株主なので,**株主資本**ともいう。これに対して,株主以外から資金の提供を受ける場合は,**他人資本**と呼ぶ。 → 他人資本

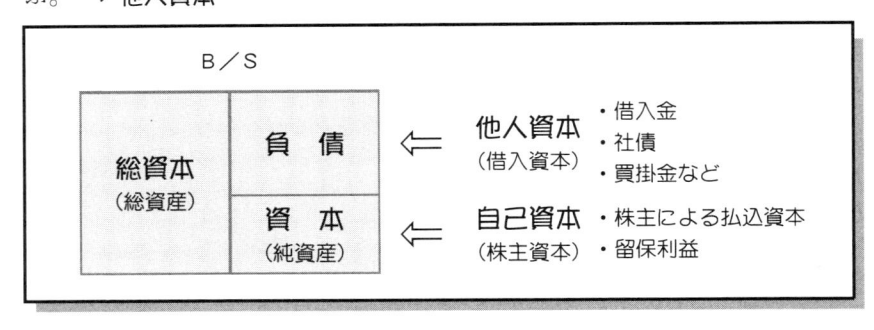

B/S

| 総資本(総資産) | 負債 | ⇐ 他人資本(借入資本) ・借入金 ・社債 ・買掛金など |
| | 資本(純資産) | ⇐ 自己資本(株主資本) ・株主による払込資本 ・留保利益 |

自己資本利益率
→ 資本利益率

自己創設のれん

　企業の経営努力，地理的優位，政治的特典などにより，そうしたものがない場合に比べてより大きな収益力をもつことがある。そうした経営努力等によって創出された**超過収益力**をいう。観念的には，他企業または業界平均よりも稼ぐ利益率が高いときにはそうした**超過収益力**があるといえる。

　同業他社の平均的収益力を超える収益性（超過収益力）をもつには，商品・製品の品質，販売戦略，顧客管理，クレーム処理，アフターサービス，その他の経営努力などが他社よりも優れているなど，長年の努力が必要である。こうして企業の努力によって獲得した超過収益力は，「自己創設のれん」と呼ばれる。

　この「自己創設のれん」は，一種の「含み資産」であるが，個別に価値を測定することが困難であることから，会計上は資産として計上することは認められない。→ **買い入れのれん**

「資産」と「財産」

　企業に投下された資金を，その運用面から見たのが「**資産**」で，その源泉面から見たのが「**資本・負債**」である。「**総資産**」は金額的には「**総資本**」と同じであるが，資金の効率を表現するときは，一般に，「**総資本利益率**」といい，「**総資産利益率**」とはいわない。

　「**財産**」という言葉は，「**資産**」の同意語としても使われるが，これとは違う意味で使われることもある。そのときは，「**積極財産（プラスの財産）**」「**消極財産（マイナスの財産）**」という表現が使われる。資本等式を思い出してみるとわかる。

> 資産－負債＝資本（純資産）

　式の左辺の計算結果をもって資本，つまり，**純財産**（会計では「**純資産**」と呼ぶことが多い）が求められる。純財産を求める算式（資産－負債）に注目してみると，**純財産**は，資産（＝プラスの財産＝**積極財産**）と負債（＝マイナスの財産＝**消極財産**）の差額になる。

このことから,プラスの財産(資産)を積極財産と呼び,マイナスの財産(負債)を消極財産と呼ぶのである。

資産の評価基準(会社法)

会社計算規則では,資産の評価原則は「原価法(取得原価)」とし,次の表のような例外規定を置いている(計算規則第5条)。

会社法における資産の評価基準	
・償却性資産	相当の償却
・時価が取得原価より著しく低い資産	時価(取得原価まで回復すると認められるものを除く)【強制評価減】
・減損が生じた資産 ・減損損失を認識すべき資産	相当の減額
・取立不能のおそれのある債権	取立不能見込み額を控除
・時価が取得原価より低い資産	時価または適正な価格【低価法】
・市場価格のある資産 (子会社株式・関連会社株式・満期保有目的債券を除く) ・時価または適正な価格を付すことが適当な資産	時価または適正な価格
・取得価額が債権金額と異なるか,その他相当の理由がある場合	適正な価格

資産の分類

資産は,貸借対照表の表示上,流動資産と固定資産に大分類されるが,会計学上は,これ以外の分類もある。

所有する目的からは,営業資産と非営業資産に分類できるし,原価配分の対象となるかどうかでは償却性資産と非償却性資産に分類される。また,資産に投下した資金が回収済みかどうかという視点からは貨幣性資産と非貨幣性資産

に分けられるし，資産の本質は何かという視点からは，貨幣性資産と費用性資産に分類される。

資産の分類

1 流動資産・固定資産（資金循環・流動性に着目）
2 貨幣性資産・非貨幣性資産（回収終了か否か，評価の有無）
3 有形資産・無形資産（形態分類）
4 営業資産・非営業資産（所有目的別分類）
5 貨幣性資産・費用性資産（資産の本質による分類）
6 償却性資産・非償却性資産（原価配分するかどうか）

資産の分類――貨幣性資産と非貨幣性資産

貨幣性資産	非貨幣性資産
G → W → G′の循環を繰り返す資産のうち，GまたはG′の状態にあるもの。	G → W → G′の循環にあって，Wの状態にあるもの。
資金が未投下または回収された状態のものをいう。	資金が貨幣以外の資産に投下（運用）されている状態のもの。 この分類では，有価証券は非貨幣性資産となる

資産の分類――貨幣性資産と費用性資産

貨幣性資産	費用性資産
資産原価の期間配分が終わって，資産の原価が流動化（流動資産化）したもの	これから資産の原価が期間に配分されるもの
この分類では，有価証券は貨幣性資産となる	

資産の水増し

　水増しとは，水を加えて量を増やすこと。転じて，**実質の数量以上に見かけを大きくする**こと。資産を水増しするには，実際の価値または取得したときの原価以上の金額で貸借対照表に記載する。貸借対照表借方の資産が水増しされれば，結局，貸方の，資本または内部留保利益が水増しされる。

資産負債法（税効果会計）

　税効果会計基準が採用する方法で，税効果を貸借対照表に計上する資産・負債の額から説明しようとするものである。

　例えば，企業会計上，ある資産が陳腐化したとして評価損を計上したところ，税務上，その評価損が損金として認められなかったとしよう。そうすると，企業会計上の資産の額（評価損だけ減額されている）と税務上の資産の額（減額されていない）が異なることになる。**資産負債法**は，この資産（負債）の差異に着目して税効果を認識しようとするのである。　→ **繰延法**，**税効果会計**

市場価格のない有価証券

　金融商品会計基準では，**債券**について，「**債権**」の評価に準じる，としている。ここで「**債権**」とは，受取手形，売掛金，貸付金などをいう。債権の貸借対照表価額は，「取得価額から貸倒引当金を控除した金額」とされている。ただし，債権を債権金額より低い価額または高い価額で取得した場合において，「取得価額と債権金額との差額の性格が**金利の調整**と認められるとき」は，償却原価法に基づく価額から貸倒引当金を控除した金額とする（基準19，68項）。

　したがって，**市場価格のない有価証券**は，取得原価または償却原価法による価額が貸借対照表価額となる。

自然人

　法人と区別して，**生物としての「人」**を指すときに使う。法律上，単に「人」といえば，通常，「自然人」と「法人」の両方を含む。

実現主義の原則

資金循環が終わったG′は,「実現収益」と呼ばれる。収益が発生したとみなされても,それがいまだ貨幣性資産(G′)に転換していないものは,「未実現収益」と呼ばれる。(G → W)の,Wの価値が投資額Gよりも大きくなったと期待されるだけで,現実に(G′)になってみないと,大きさを確認できないことから,「未実現」と呼ぶのである。

期間損益計算では,当期中に資金循環が終わったもの(貨幣性資産で回収された資金)は,当期において実現した収益とする。資金循環が終わるということは,W(商品・製品)からG′(貨幣性資産)に転換することであるから,「実現の要件」である,次の2つの要件を満たしていることになる。

実現の要件

① 商品・製品・サービスが,購入者に引き渡されること
② 代金が支払われたか,支払いが確実になること

収益は,資金循環が終わった段階で,①商品・製品(W)が取引先に引き渡され,②対価を貨幣性資産(G′)で受け取る。会計では,資金循環が終わる段階をもって,収益が「実現」したと考えるのである。

こうした考え方を,「実現主義」,こうした考え方を基に会計処理すべしとする原則を,「実現主義の原則」または「実現原則」と呼んでいる。

→ 出荷基準

実質価額

「実価」ともいい,純資産額を発行株式数で除して求める。1株当たりの純資産額。

有価証券のうち時価がないものは,価値の下落を,この実質価額で判定する。有価証券を発行した会社の財政状態が悪化すると,純資産額が減少し,実質価額が下落する。

実地棚卸(じっちたなおろし)

帳簿上で期末の「残高（在庫）」を調べるのではなく，実際に在庫として残っている商品・製品の個数を調べること。 → **帳簿棚卸法，棚卸計算法**

実用新案権

実用新案法に基づく権利で，工業所有権のひとつ。特許庁に登録された考案に係る物品の製造・使用・譲渡等を排他的・独占的になしうる権利をいう。権利の存続期間は6年。

私的自治(じち)

『広辞苑』（第5版）によれば，「個人の私法関係を各人の意思のままに規律すること。近代私法の基本原理」である。

個人が集まって何かを行うとき，原則として，その個人個人の意思のままに行動したり決定したりすることが許される。タコ配当を認めようが，利益をどのように計算しようが，出資者全員で何を決めてもかまわない。これを「私的自治」という。

ただし，会社のように広範囲にわたった社会的な活動をする場合には，企業外部の利害関係者を保護する観点から，私的自治に一定の制限が加えられることがある。その典型的な制限が，**会社法**による規制である。

四半期報告（書）

1年間を会計期間とする企業が3ヶ月ごとに行う**中間報告（書）**。普通，第4四半期（年度末）にはその年度の報告書が作成されるので，四半期報告書は作成しない。半年ごとに中間報告する場合は，**半期報告（書）**という。

資本金

旧・商法のいう「**資本**」と同じ。設立または株式の発行に際して株主となる者が当該株式会社に対して払込みまたは給付をした財産の額（**発行済み株式の発行価額の総額**）をいう。ただし，その額の2分の1を超えない額は資本金として計上しないことができる（会社法445条1項，2項）。

従来は，株式会社の**資本金**は最低1,000万円とされていた（旧商法168条の4）。資本金を減少する場合は，1,000万円をくだらない範囲で認められていた。会社法では，**最低資本金制度**がなくなったので，資本金を減少する際の上限規制がなくなった。減少の結果，資本金はゼロでもかまわないことになった（マイナスは不可）。

資本金等の計数の振り替え	
資本金の増減	・資本準備金またはその他資本剰余金を減少して資本金を増加 ・資本金を減少して資本準備金またはその他資本剰余金を増加
資本準備金の増減	・資本金またはその他資本剰余金を減少して資本準備金を増加 ・資本準備金を減少して資本金またはその他資本剰余金を増加
その他資本剰余金の増減	・資本金または資本準備金を減少してその他資本剰余金を増加 ・その他資本剰余金を減少して資本金または資本準備金を増加
利益準備金の増減	・その他利益剰余金を減少して利益準備金を増加 ・利益準備金を減少してその他利益剰余金を増加
その他利益剰余金の増減	・利益準備金を減少してその他利益剰余金を増加 ・その他利益剰余金を減少して利益準備金を増加

資本金等増加限度額（会社法）

　株主から払い込まれた金銭等をいう。株主から払い込まれたり給付を受けたりした財産の額は、株主資本とされる額である。この財産の額が、新株発行においては、株主資本である「資本金」と「資本準備金」に区分される。これらの科目に合計で計上される上限額が「株主から払い込まれた金銭等」をいうことから、「資本金等増加限度額」というのである。

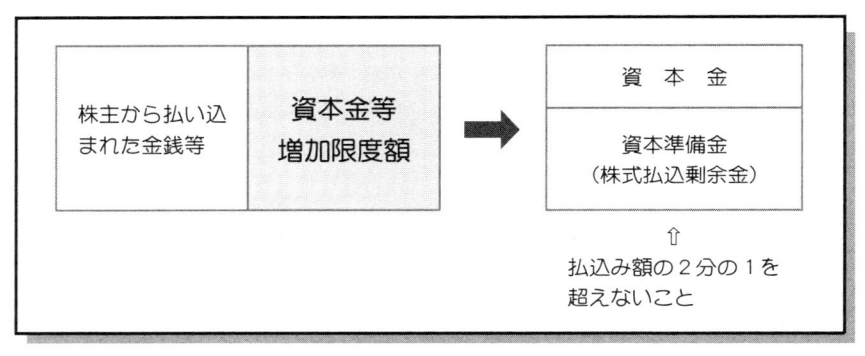

```
┌──────────────┬──────────────┐     ┌──────────────────┐
│ 株主から払い込 │  資本金等    │     │    資 本 金      │
│ まれた金銭等  │  増加限度額  │  →  ├──────────────────┤
│              │              │     │   資本準備金     │
│              │              │     │ （株式払込剰余金）│
└──────────────┴──────────────┘     └──────────────────┘
                                            ⇧
                                    払込み額の2分の1を
                                    超えないこと
```

資本金と準備金

　いずれも、会社法上、分配可能額に算入されない株主資本をいう。

資本準備金（会社法）

　会社の資本を確保して債権者を保護するために設けられた準備金である。**株主が出資した額を財源としている。**これには、資本に近い性格をもつ項目、すなわち、資本取引から生じる項目が入り、配当可能な剰余金の計算にあたって除外されるべき項目である。具体的には、**株式払込剰余金**（株主となる者が会社に対して払込みまたは給付をした財産のうち、2分の1を超えない額）、**合併差益**などがある（会社法445条1項）。

　従来は、①株式の発行価額のうち資本に組み入れなかった額、②株式交換において、完全親会社の資本増加額の限度額が完全親会社の増加した資本の額を超える額、③株式移転の場合に設立する完全親会社の資本の限度額が設立した

完全親会社に資本を超える額等が資本準備金とされた（旧商法288条の2）。
　会社法では，企業結合会計基準に沿うように，組織再編行為時の剰余金処理についての規定を改正している。

資本的支出

　「固定資産への投資」をいう。ここで「資本」とは，「設備」とか「機械」とか，経済学でいう「資本財」を指している。当期に購入してすぐに消費される「消費財」ではなく，「固定資産の耐用年数を伸ばす」とか「固定資産価値を増やす」場合で，数期間にわたって使用される固定資産への投資を「資本的支出」と呼ぶ。　→ 収益的支出

資本等金額（会社法）

　資本金と準備金の合計額（計算規則186条1項1号イ）。資本の部に計上する「のれん」の額の2分の1の額と繰延資産の合計額が，この額とその他資本剰余金の額の合計額を超えて計上される場合には，その超過額は分配可能額の算定上，減額される。　→ のれん等調整額

資本取引

　企業会計原則に則していうと，「増資・減資など資本金および資本剰余金に増減変化をもたらす取引」である。企業会計原則の考え方に従えば，資本助成を目的とした建設助成金（贈与剰余金のひとつ）や評価替資本（評価替剰余金）は資本剰余金とされる。ただし，法人税法では，こうした「贈与剰余金」や「評価替剰余金」を資本とは見ていない。　→ 損益取引

資本取引・損益取引区別の原則

　企業会計原則一般原則のひとつ。「資本取引と損益取引とを明瞭に区別し，特に資本剰余金と利益剰余金を混同してはならない。」
　この原則は，剰余金区分の原則とも呼ばれている。企業会計原則では，会計

[105]

報告の場合に「区分」という表現を使い、会計処理の場合は「区別」という表現を使っている。したがって、剰余金「区分」の原則あるいは資本取引・損益取引「区別」の原則という。

例えば、株主が追加の資本を払い込んだような取引が「**資本取引**」に該当し、「損益を発生させる取引」（営業取引）を「**損益取引**」という。

資本取引・損益取引区別の原則
（剰余金区分の原則）

= 資本取引と損益取引を区別し、
= （上を受けて）資本剰余金と利益剰余金を混同しないこと
⇩
［例］　株式払込剰余金と株式発行費を相殺する処理

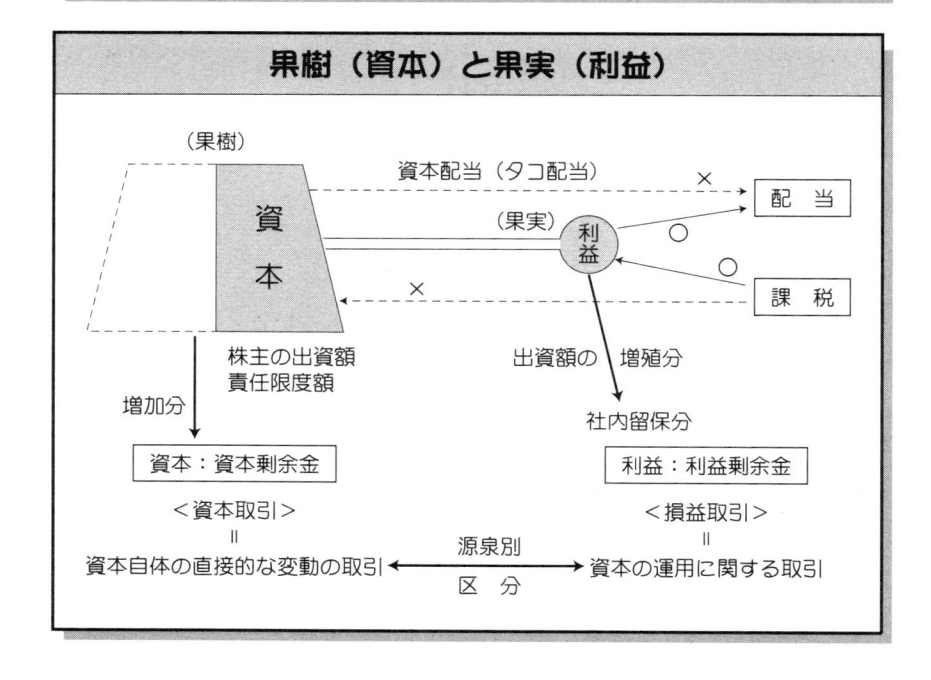

果樹（資本）と果実（利益）

（果樹）
資本配当（タコ配当） ×→ 配当
（果実）利益 ○→ 配当
× ○→ 課税

株主の出資額
責任限度額　　出資額の　増殖分

増加分　　　　　　　　　　社内留保分

資本：資本剰余金　　　　利益：利益剰余金

＜資本取引＞　　　　　　　＜損益取引＞
　　‖　　　　　源泉別　　　　‖
資本自体の直接的な変動の取引 ←区分→ 資本の運用に関する取引

---

[106]

「資本と利益の区別」の二義

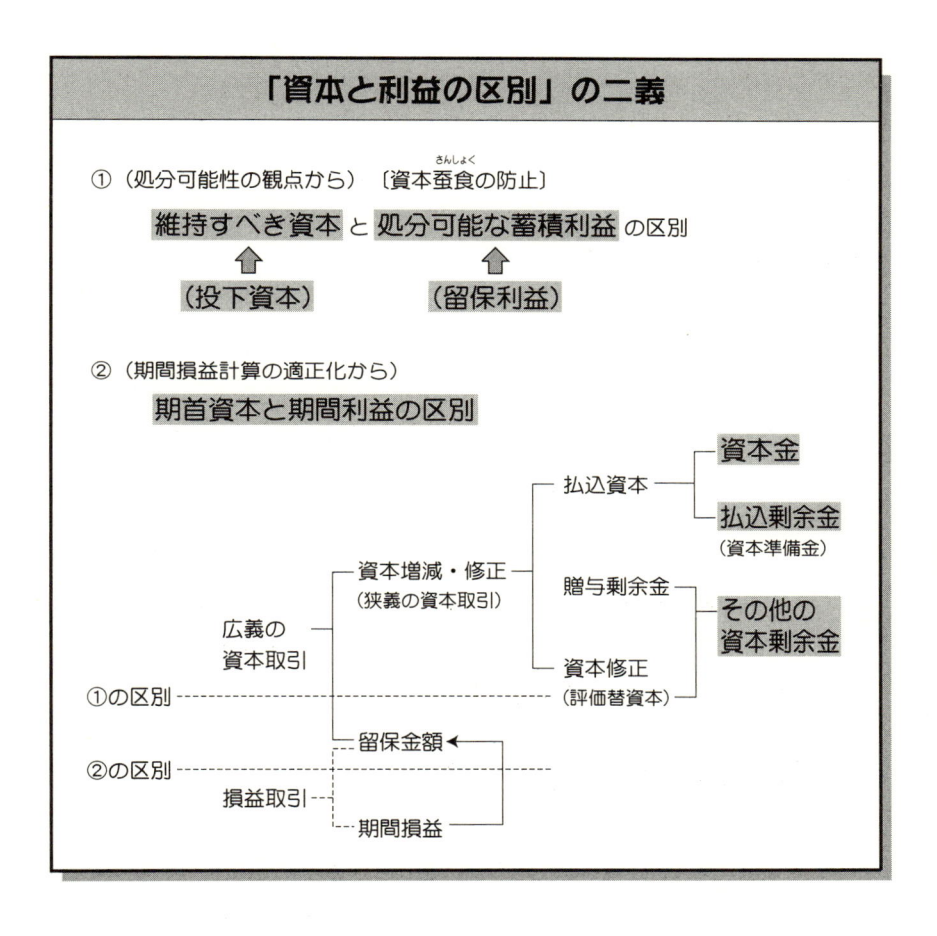

① （処分可能性の観点から）〔資本蚕食(さんしょく)の防止〕

　　維持すべき資本 と 処分可能な蓄積利益 の区別
　　　　⇧　　　　　　　　　⇧
　　　（投下資本）　　　　（留保利益）

② （期間損益計算の適正化から）

　　期首資本と期間利益の区別

```
                                          ┌─ 払込資本 ─┬─ 資本金
                                          │           │
                                          │           └─ 払込剰余金
               ┌─ 資本増減・修正 ─────────┤              (資本準備金)
               │   (狭義の資本取引)       │
  広義の       │                          ├─ 贈与剰余金 ┐
  資本取引 ────┤                          │            │ その他の
               │                          └─ 資本修正 ─┤ 資本剰余金
①の区別 ------│------------------------------(評価替資本)
               │
②の区別 ------├─ 留保金額 ◄──────────┐
               │                        │
               └─ 損益取引 ┄┄ 期間損益 ┘
```

資本主(ぬし)

　事業の所有者を，一般に，**資本主**という。株式会社の場合，企業の所有者は「株主」である。株式会社の自己資本といえば，株主が提供した資本であるから，「**株主資本**」ともいう。

[107]

資本利益率

ある期間に使用した資本(総資本または自己資本)が,その期間にどれだけの利益を上げたかを,比率(パーセンテージ)で求める算式。

$$資本利益率 = \frac{利益}{資本} \times 100(\%)$$

分母としての「資本」に「総資本」をとると,「経営者にとっての利益率(またはトータルな事業体としての利益率)」が計算される。この場合は,分子の利益には,「利息・税金を差し引く前の金額(利払い前・税引き前利益)」を使う。

$$総資本利益率 = \frac{利払い前・税引き前利益}{総資本} \times 100(\%)$$

分母に「自己資本」をとると,「投資家・株主にとっての利益率」が求められる。株主から見ると,負債の利子も税金も払った後に残る利益が自分の取り分であるから,利払い後・税引き後の利益を分子とする。

$$株主資本利益率 = \frac{利払い後・税引き利益}{自己資本} \times 100(\%)$$

分子に,「経常利益」をとると,その企業の「通常の収益力」,「普段の実力」が計測され,「当期純利益」をとると,「その期の,トータルな収益力」「臨時な損益も,異常な損益も含めた,その年の収益力」が計算される。

$$通常の収益力を示す資本利益率 = \frac{経常利益}{総資本} \times 100(\%)$$

$$その期の収益力を示す資本利益率 = \frac{(税引き後)当期純利益}{総資本} \times 100(\%)$$

資金（資本）運用効率の判断

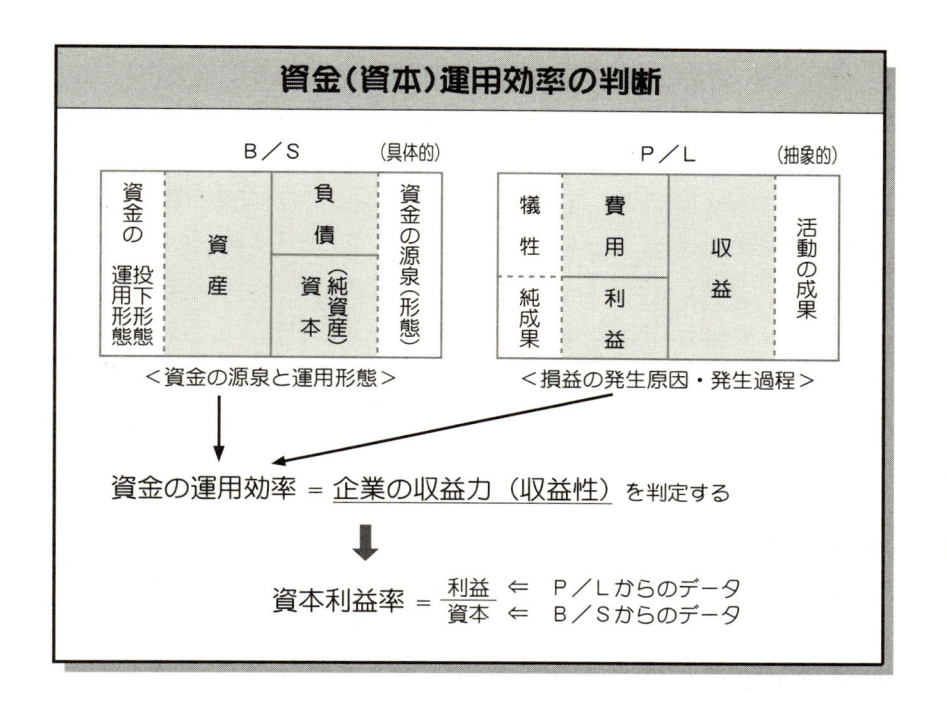

B／S （具体的）

| 資金の運用（投下形態） | 資産 | 負債 | 資金の源泉（形態） |
| | | 資本（純資産） | |

＜資金の源泉と運用形態＞

P／L （抽象的）

| 犠牲 | 費用 | 収益 | 活動の成果 |
| 純成果 | 利益 | | |

＜損益の発生原因・発生過程＞

資金の運用効率 ＝ <u>企業の収益力（収益性）</u>を判定する

$$資本利益率 = \frac{利益}{資本} \begin{matrix} \Leftarrow P／Lからのデータ \\ \Leftarrow B／Sからのデータ \end{matrix}$$

社会会計

マクロ会計，国民経済計算とも呼ばれる。一国の経済組織全体またはその一部分の経済活動の大きさを，勘定システムや行列などの形式を使って計算・表示する。国民経済の活動を，企業会計の手法を使って測定・表示するもの。

借地権(しゃくち)

借地借家法上の権利で，建物の所有を目的とする**地上権**または**土地の賃借権**，つまり，土地を賃借する権利と建物を所有する目的で他人の土地を使用する権利をいう。この権利はこれを譲渡するまでに減価することが予想されないので，償却しない。

社債

　株式会社が資金調達のために発行する**債務証券**で，**確定利息**が付いている。**社債券**に同じ。約束の期限が来たら借りた資金を返済しなければならない。

　一口の**券面額**を100円として発行し，ふつう半年ごとに**一定の利息**を支払う。これを「**約定利息**」という。発行後，一定期間（2年とか5年）が経過すると，償還（借りた資金を返済すること）する。償還期限が来たら一口につき額面の100円を返済する。

　社債を，額面どおりの100円で発行することを「**額面発行**」または「**平価発行**」，100円未満で発行（発売）することを「**割引発行**」，100円超で発行することを「**打歩発行**」という。わが国では，割引発行が支配的である。

社債権者

　会社が発行した社債を購入・保有している者。債権者のひとつ。

社債の評価

　社債については，**市場価格のあるもの**は，強制評価減の対象となる。**市場価格のない社債**は，株式と違って**実質価額**（1株当たりの純資産額など）はないから，「相当の減額」は適用されない。この場合には，企業会計原則注解・注22による評価が適用され，社債を**取得原価**で評価することができる。

　社債金額と取得原価との差額があれば，これを逐次貸借対照表価額に加算または貸借対照表価額から減算することもできる。差額があれば，これを満期に向けて一定の方法で加減するのが期間損益を適正にすることになるのであるが，企業会計原則は，それを強制せずに，任意としている。

　その理由としては，これまで，非常に多種の社債を保有している企業にとって，毎期，社債ごとに増減額を計算することが煩雑で，計算コストがかかりすぎるということがいわれてきた。しかし，今日では，コンピュータが普及して，こうした計算も瞬時に，コストなしでできる。企業会計原則にどう書いてあろ

うと，今では，差額があれば，毎期貸借対照表価額を増減するべきであろうと思われる。

社債発行差金

市場の金利情勢，当社の信用力や収益力などを考えると，約定(やくじょう)した利率では低すぎて買い手（応募者）が現れないというとき，一般に，約定利息を引き上げるのではなく，債券の発行価額を引き下げる。100円の額面のものを98円とか96円で売りに出すのである。この差額（2円，4円）が**社債発行差金**とか**社債発行割引料**と呼ばれている。

これまで社債発行差金は，企業会計原則においても旧商法においても，**繰延資産**として処理することが認められてきた。この場合，

| （借）現 金 預 金 | 98 | （貸）社　　　債 | 100 |
| 社債発行差金 | 2 | | |

のように記帳される。

新しい**会社法**では，社債の発行に際して，額面と異なる払込みを受けた場合（**割引発行または打歩発行**），払込みを受けた金額を負債として計上することを認めた。この場合，会計処理（割引発行の場合）としては，一口(ひとくち)100円の社債を98円で発行したとすると，

| （借）現 金 預 金 | 98 | （貸）社　　　債 | 98 |

のように記帳され，**社債発行差金勘定は生まれない**。

従来の処理，つまり，旧商法の規定にしたがって，「**社債発行差金を繰延資産として計上する会計処理**」は今後も認められる。

社債発行差金

〔社債発行差金〕

社債 ｛ 券面額 @100 ー 年利4％ 2年後償還
　　　 発行価額 @ 98 ー 差額2円＝発行差金

〔発行差金の性格〕

連続意見書第5＝「前払利息説」

｛ 割引発行は，社債の約定利子率が，市場金利よりも低いため，
市場金利を上回るようにするため行われる

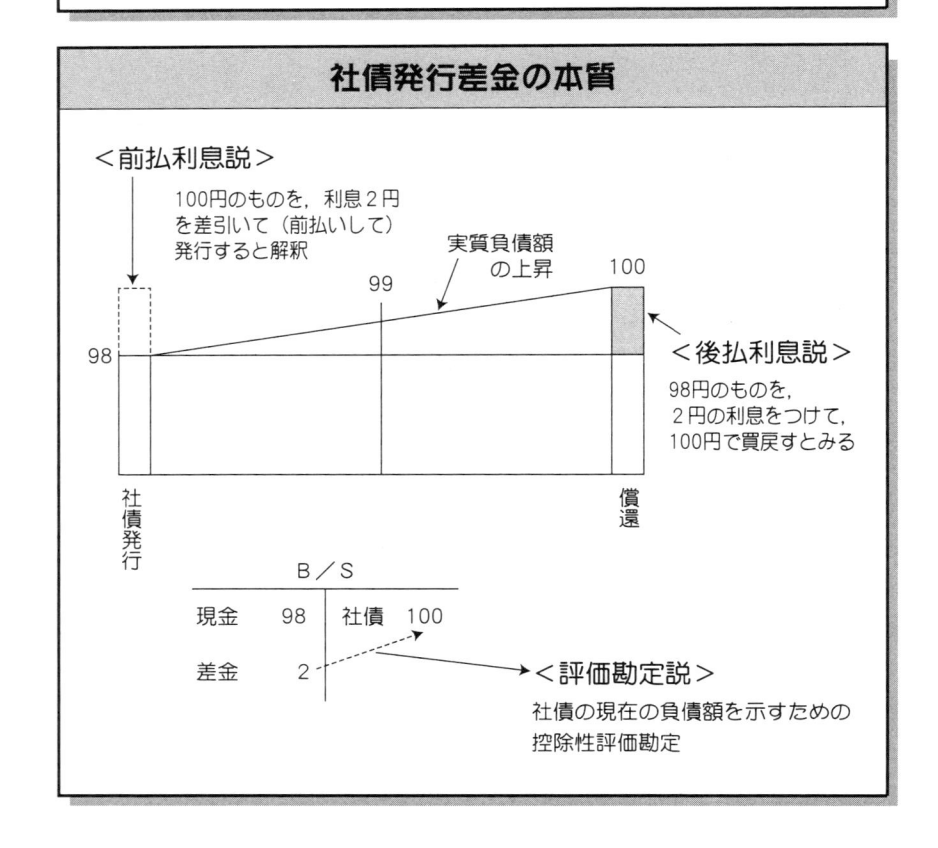

社債発行差金の本質

＜前払利息説＞

100円のものを，利息2円を差引いて（前払いして）発行すると解釈

実質負債額の上昇

98　　　　　　　　99　　　　　　　100

社債発行　　　　　　　　　　　　償還

＜後払利息説＞

98円のものを，2円の利息をつけて，100円で買戻すとみる

B／S

現金	98	社債	100
差金	2		

＜評価勘定説＞

社債の現在の負債額を示すための控除性評価勘定

社債発行費

　社債を発行するにあたって直接に支出した費用。**社債を募集するための広告費，社債の印刷費，金融機関へ支払う取り扱い手数料**など。原則として，支出した期間の費用（営業外費用）とする。

　ただし，従来と同様に，**繰延資産として処理する**こともできる。繰延資産とした場合は，社債の償還までの期間にわたり，利息法により償却する。ただし，継続適用を条件に，定額法を採用することもできる。

収益還元法

　のれんの価値を測定する方法のひとつ。この方法では，最初に，企業の公正価値を測定する。企業の公正価値として，**収益還元価値**を使う。収益還元価値は，企業の過去数年間における平均的な利益額を，適当な収益還元率で割り引いて求める。この還元価値が，企業全体の価値である。企業の価値から買収によって取得した純資産額を差し引いて，のれんの価値を求める。

$$のれんの価値 = \frac{企業の平均的利益額}{収益還元率} - 純資産額$$

$$のれんの価値 = \frac{超過利益額}{収益還元率}$$

→ 株価算定法，年買法

収益的支出

　「固定資産に関係した支出のうち，当期の費用とすべき支出」をいう。「固定資産の能力を維持するための支出」すなわち，通常の維持・管理に要した修繕費・維持費を「収益的支出」と呼ぶ。　→ **資本的支出**

収益の実現

商品を店頭で販売している（これを対面販売という）企業の場合は，販売と同時に代金を受け取る。こうした販売形態では，商品を販売したと同時に収益を計上することが昔からの慣行である。

信用販売という取引が一般化してくると，販売時点で代金を現金で受け取らなくても（売掛金や受取手形で受け取る），後日，ほぼ確実に代金を支払ってもらえるようになり，こうした信用取引でも，**販売（商品の引渡し）時点で収益を計上すること**が慣行となってきた（代金の受け取りは後日）。

買い手が遠隔地にいる場合は，いつ商品が買い手に届くかどうかはわからない。こうした取引の場合は，**買い手に商品が届いたことが確かめられたときに収益を計上する**ということも慣行となってきた。特殊な加工品などの場合は，買い手が商品を確かめてから，つまり，返品がないことがはっきりしてから収益を計上するようになった。

会計では，こうした実務界の慣行を集約して，「収益の実現」と呼んでいる。収益は，商品が購入者の手に渡り，代金を受け取ることが確実になったときに計上するのである。主要な条件は，次の2つである。

収益計上の条件

① 商品・製品・サービスが，購入者に引き渡されること
② 代金が支払われたか，支払いが確実になること

この2つの条件を満たす時点というのは，投下された資金が，$G \rightarrow W \rightarrow G'$ の営業循環を終了した時点である。

これが「**実現主義の原則**」，あるいは，単に「**実現主義**」と呼ばれているものである。上の2つの要件のどちらか1つが欠けても，それは「未だ収益として確実になっていないもの」，つまり，「**未実現収益**」とされ，収益は計上されない。

収益費用対応の原則

収益と費用の期間帰属を決める場合，収益と費用を別々に扱うのではない。基本的な考え方としては，G → W → G′ という資金循環に着目する。この循環が終わった段階で，つまり，投下資本（G）が再び貨幣額で回収（G′）された段階で，収益を決定するのである。

当期中に資金循環が終わったものは，すべて当期の収益として確定する。費用は，その収益を獲得するのに貢献したと考えられる部分を集めるのである。

収益の獲得に対して積極的に貢献したと考えられる費用（例えば，販売した商品の仕入原価）もあるが，貢献したことを観念的にしか把握できない費用（例えば，販売費）もある。また，いずれの収益とも関係づけられないために，やむを得ず，発生した期間の費用とするもの（例えば，金融費用）もある。

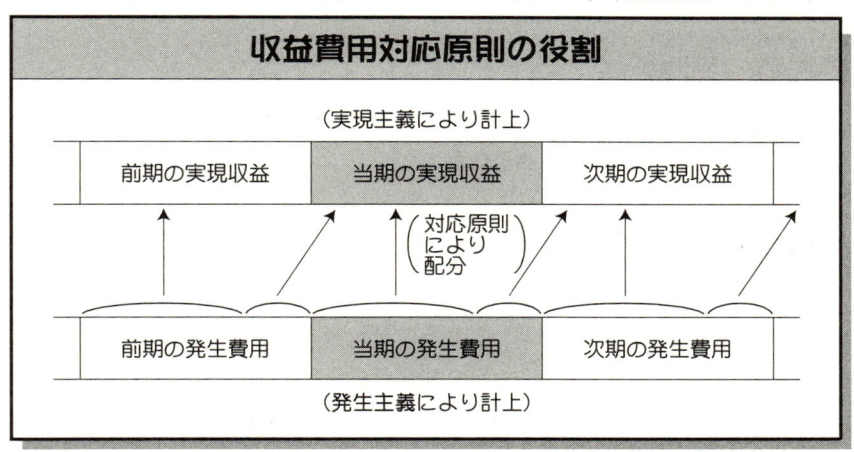

収益費用対応原則の役割

（実現主義により計上）

前期の実現収益	当期の実現収益	次期の実現収益

（対応原則により配分）

前期の発生費用	当期の発生費用	次期の発生費用

（発生主義により計上）

収益費用の対応

期間損益計算の基本的な考え方は，発生した収益と，それを生み出した費用を関連づけて，期間収益と期間費用を確定し，その差額として「当期純利益」を計算するというものである。こうした考え方を，「収益費用の対応」と呼び，この考え方を基本とすべしとする原則を，「収益費用対応の原則」あるいは，単に「対応原則」と呼ぶ。

収益力・収益性

　企業が，どれだけの資本を使って，どれだけの利益を上げたかを意味する表現。「利益力」とはいわない。「収益力がある」「収益力が高い（低い）」「収益性が高い（低い）」などという。これを端的に示すのが，資本利益率である。

　→ 資本利益率

修繕引当金

　いつもは年度末近くに修繕しているものを，たまたま資金事情が悪いとか，修繕業者の不都合とかで，翌年度に修繕が持ち越されたとする。このような場合に，期間損益を歪めないために，当期に負担すべきであった修繕費を見積もり計上することが行われるが，その場合に設定される引当金。

受贈益・受贈資本

　旧商法や法人税法など，贈与剰余金を利益とみる立場からは，贈与はすべて受贈による利益となる。　→ 贈与剰余金

出荷基準（発送基準）

　商品や製品を出荷または発送した段階で，引渡しが行われたものと考えて収益を計上する基準である。商品・製品を，自社の倉庫から取り出して積み出した（出荷）か，運送業者に委託した（発送）段階で販売が行われたと考える。そこで，「出荷基準」とか「発送基準」という。販売基準のひとつ。

　→ 販売基準，実現主義の原則，検収基準

種類株式（会社法）

　会社法では，「普通株式」という用語も「種類株式」という用語も用いられていない。会社は，一定の事項について内容の異なる2種類以上の株式を発行することができる（種類株式発行会社）。例えば，譲渡制限株式，取得請求権付株式，拒否権付株式，剰余金の配当についての種類株式など。

純財産増加説

財産法ともいう。期首と期末の純財産を比較して純財産が増えていれば利益，減っていれば損失とするものである。

純資産

簿記を学び始めた時は，貸借対照表を次のように教えられたと思う。

貸借対照表

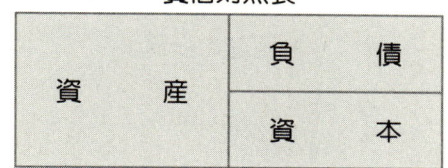

資　産	負　債
	資　本

入門の簿記では，中小企業を想定しているので，この貸借対照表で問題はない。

この貸借対照表は，左側（借方）に企業が保有する資産を書き，右側に，その資産を調達するための資金の出し手（負債なら銀行や生命保険会社など，資本なら株主などの資本主(ぬし)）が誰かを書く。

〔資本の部から純資産の部へ〕

ところが，最近では，この資本の所に，「その他有価証券評価差額」「繰延ヘッジ損益」といった当期の損益としていない項目が記載され（記載されるということは，加減されるということでもある），「資本の部」が必ずしも資本と呼べる項目だけではないものも混入するようになってきた。

そうしたことから，**新しい会計基準**（「貸借対照表の純資産の部の表示に関する会計基準」2005年）でも，新しく制定された会社法でも，「資本の部」を「**純資産の部**」と名称を変更している。

貸借対照表

（総）資　産	負　債
	純　資　産

要するに，今までは，企業が保有する資産から負債を差し引いた残高は，すべて資本主（株式会社なら株主）の取り分であるということから，その残高を「資本」と呼んできたが，**株主・資本主の取り分とはいえないような項目**（上記の「その他有価証券評価差額」など）が混じり込んでくるようになったので，左側の資産（総資産）から負債を差し引いた残高を「**純資産**」と呼ぶようになったのである。

純資産の部は，次のように分類・表示される。

```
        純資産の分類

  Ⅰ  資 本 金
  Ⅱ  資本剰余金
    ①  資本準備金
    ②  株式払込剰余金
  Ⅲ  利益剰余金
    ③  利益準備金
    ④  任意積立金
    ⑤  当期未処分利益
```

準備金（会社法）

資本準備金と**利益準備金**の総称（会社法445条4項）。従来は，資本準備金と利益準備金を分けて扱ってきたが，会社法では，この2つの準備金の区別をなくし，単に「準備金」として統一的に整理している（会社法445条4項）。ただし，**計算書類における表示は，2つの準備金を分ける**。

会社法は，資本金に相当する会社財産に加えて，準備金に相当する会社財産を確保しない限り剰余金の配当を認めないことによって，企業経営におけるクッションを設けている。　→ **資本金，引当金・準備金・剰余金・積立金**

準備金計上限度額（会社法）

　基準資本金額から準備金の額を差し引いた金額（計算規則45条1項二号イ）。剰余金を配当する場合には，基準資本金額（資本金の4分の1に相当する額）に達するまで，剰余金配当額の10分の1に相当する額を資本準備金または利益準備金として計上しなければならない（会社法445条）。準備金の合計が基準資本金額に達した場合には，それ以上の計上をする必要がない。

　したがって，剰余金を配当する場合には，あといくら準備金を計上すべきかという限度額を計算する必要がある。

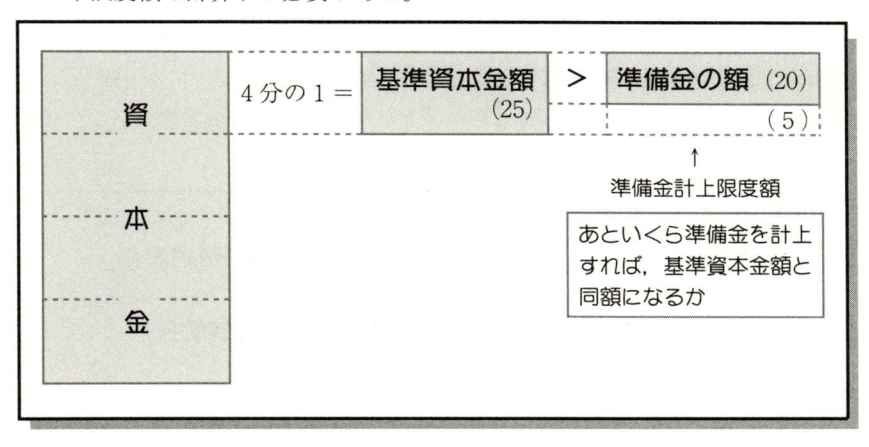

```
           ┌─────────────┬─────────────┐
           │ 基準資本金額 │ 準備金の額(20)│
資  4分の1= │    (25)     >             │
           │             │     (5)     │
本         └─────────────┴─────────────┘
                                ↑
金                         準備金計上限度額
                      ┌──────────────────┐
                      │あといくら準備金を計上│
                      │すれば，基準資本金額と│
                      │同額になるか        │
                      └──────────────────┘
```

使用価値（減損基準）

　資産の継続的使用と使用後の処分によって生ずると見込まれる将来キャッシュ・フローの現在価値をいう。

　例えば，資産を賃貸することを考えてみよう。賃貸することから得られる毎月の収入がある。この資産を，月100万円，5年契約で賃貸しているとすると，5年間にわたって毎月100万円の収入がある。5年経過後に，この資産を売却する予定であるとする。この場合の「使用価値」は，5年間にわたって毎月受け取る賃貸料と，5年後に資産を売却して得られるキャッシュ・インフローの合計である。

ただし，減損の判定においては，将来収入の現在価値が問題となるので，使用価値の測定でも，賃貸料も売却による収入も現在価値に割り引いて算定する。

償還期限

償還とは返済のこと。社債には返済の期限があり，それを償還期限という。

償却原価法

債権（または債券）を債権金額（債券金額）より低い（または高い）価額で取得した場合において，当該差額に相当する金額を弁済期（または償還期）に至るまで毎期一定の方法で貸借対照表価額に加減する方法をいう。なお，この場合には，当該加減額を受取利息または支払利息に含めて処理する。かつてはアモチゼーションと呼ばれた。

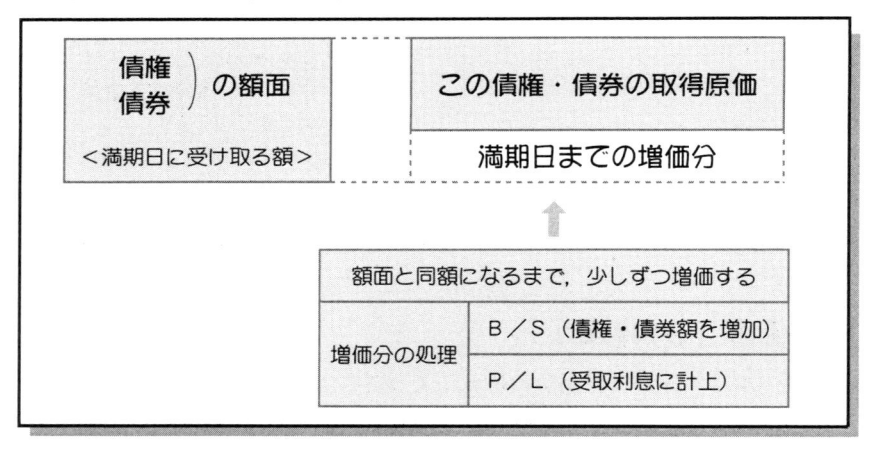

債権・債券の額面 〈満期日に受け取る額〉	この債権・債券の取得原価
	満期日までの増価分

額面と同額になるまで，少しずつ増価する

増価分の処理	B／S（債権・債券額を増加）
	P／L（受取利息に計上）

償却性資産

建物や施設利用権のような減価償却・減耗償却などの対象となる資産をいう。これらは毎期少しずつ減価し，その減価分が損益計算書の費用の側に計上される。その期に建物などを利用したことに対する費用負担分である。

→ 原価，減価償却

上場・上場会社

　東京，大阪，名古屋などに開設されている証券取引所において自社の株式等を売買することを「上場」といい，その会社を「上場会社」という。

　取引所に上場するには一定の資格要件を満たす必要があるが，上場すれば，株式等の売買がひんぱんに行われることにより自社株等の市場性が高まり，増資のために新株を発行したり社債を発行する場合にも，引き受ける（新株や社債を買う）投資者を容易にみつけることができ，資金調達が容易になる。

譲渡価値

　資産を他人に有償で譲渡するときの価値。繰延資産は一般に譲渡価値がない。

譲渡制限株式（会社法）

　株式会社がその発行する全部または一部の株式の内容として譲渡による当該株式の取得について当該株式会社の承認を要する旨の定めを設けている場合における当該株式をいう（会社法2条17号）。

承認特則規定（会社法）

　会社法439条（会計監査人設置会社の計算書類承認の特則）および441条第4項（臨時計算書類の承認の特則）をいう（計算規則163条）。

試用販売

　会計でいう「試用販売」は，①販売者が遠隔地にいる購入希望者に試用を申し込ませ，②試用を希望した者に販売者が商品を送付して試用させ，③試用者に購入するかどうかを決めさせるというものである。

　この販売方式が，会計上，特殊と見られるのは，商品を顧客に引き渡した段階では，購入するかどうかがわかっていない，つまり，商品を引き渡しても，販売が成立していないことにある。通常の販売基準である「引渡基準」が使えないのである。

試用販売については，企業会計原則注解・注6⑵に，次のような規定がある。

> 「試用販売については，得意先が買取りの意思を表示することによって売上が実現するのであるから，それまでは，当期の売上高に計上してはならない。」

これを「買取意思表示基準」という。この「買取意思」は，一般に，買うということを書面や電話で連絡してくるとか，代金を振り込むという形で表明される。試用期間が経過してもキャンセルの意思表示がなされないという場合にも，消極的ながら買い取るという意思が表示されたものとして，売上げを計上する。

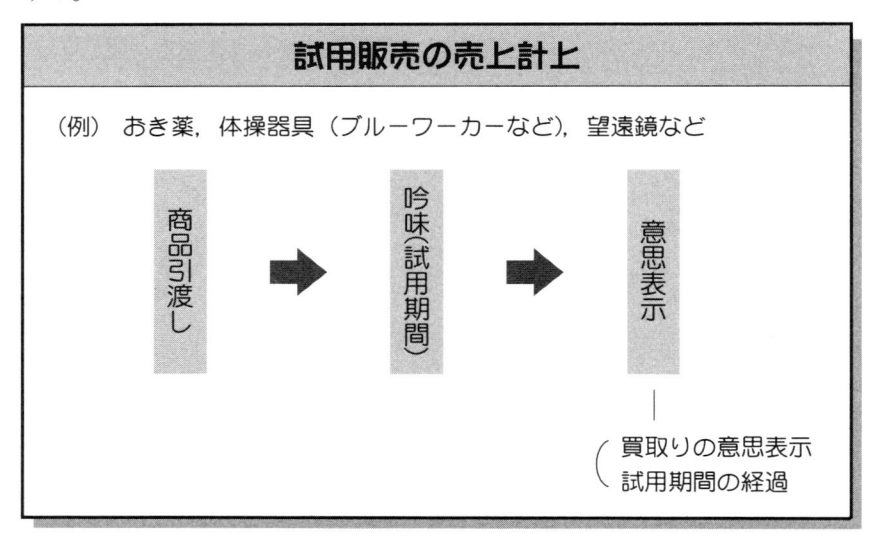

試用販売の売上計上

（例）　おき薬，体操器具（ブルーワーカーなど），望遠鏡など

商品引渡し　➡　吟味（試用期間）　➡　意思表示
　　　　　　　　　　　　　　　　　　　　｜
　　　　　　　　　　　　　　　　　（買取りの意思表示
　　　　　　　　　　　　　　　　　　試用期間の経過

使用貸借と消費貸借

現金を貸し借りする場合には，借り主が所有権を取得し，それを消費した後に，他の同価値のもの（通常は，現金）を返還する。借りた現金が1万円札1枚であるとすると，返すときに，千円札10枚で返してもよい。借りたものと全く同じものを返す必要はない。これを「消費貸借」という。消費貸借の場合は，

借り主が所有権を取得するので「資産」に計上する。

　ところが，土地や建物を貸し借りした場合は，「使用貸借」といって，所有権は移転せず，借りたもの自体を返還しなければならない。東京の土地を借りて，埼玉の土地で返すというわけにはいかない。リース（所有権移転外リース取引）も使用貸借であるから，所有権は移転しない。使用貸借の場合は，借り主に所有権が移転しないので，資産には計上しない。

消費・費消

　「消費」も「費消」も，日常の用語としては，お金やモノを使ってなくすることをいう。会計では，家庭などで使う場合には消費といい，企業が生産活動や営業活動で使う場合には費消と呼ぶことが多い。この場合，消費は，それを使うこと自体が目的となっているのに対して，費消は，利益の獲得を目的に，生産や営業に投下されることを意味している。

商標権

　商標法に基づく権利で，工業所有権のひとつ。特許庁に登録された商標をその指定商品について排他的・独占的に使用する権利をいう。権利の存続期間は10年であるが，更新が可能。

正味実現可能価額

　売却時価のひとつ。棚卸資産を通常の営業過程において（仕掛品は完成させて）売却したときに得られると予想される額を「実現可能価額」といい，これから当該棚卸資産を完成させて売却するまでにかかると予想される諸費用（アフター・コスト）を差し引いた金額を「正味」実現可能価額という。「純実現可能価額」ともいう。棚卸資産評価基準や減損会計基準では「正味売却価額」という。　→ 取替原価，再調達原価

正味売却価額（減損基準）

　資産の売却時価から処分費用見込額を控除して算定される金額をいう。ここで処分費用見込額というのは，この資産を売却（これを処分という）するときにかかるコストをいい，例えば，固定資産を買い手に届けるための梱包費・運送費，そのときの保険料などをいう。

　こうした費用は，通常，売り手が負担するので，正味売却価額を計算するときに，売り手が負担する費用を，売価から差し引いて，正味の受取額を計算する。従来は，正味実現可能価額と呼んでいた。

剰余金

　会社法の概念というよりは，会計上の概念。会計基準等によって処理された結果として計算される。この会計上の剰余金をベースとして会社法固有の観点から一定の制限を加えて，分配可能額を求める。分配可能額の計算に使われる「剰余金」は，「その他利益剰余金」と「その他資本剰余金」の合計額である（会社法446条1項，計算規則177条）。　→ 引当金・準備金・剰余金・積立金

剰余金の額

　株式会社の剰余金の額は，最終事業年度の末日における資産の額と自己株式の帳簿価額の合計額から，①負債の額，②資本金と準備金の合計額等を減じて計算する。

　言い換えると，資本剰余金と利益剰余金に分類される科目のうち，資本準備金と利益準備金（いずれも配当規制を課されている）を除いたもの。

　会計サイドの表現を使えば，剰余金の額は，その他資本剰余金とその他利益剰余金の合計額ということになる。

> ### 剰余金の額
>
> 　最終の事業年度の末日における，
> (1)　その他資本剰余金
> (2)　その他利益剰余金（任意積立金，繰越利益剰余金）
> の合計額を基準とし，
> 　これに，
> (3)　当期の期中に，直接，この合計額を変動する要因があった場合，その増減を反映して，剰余金の額とする。

　ここで，「直接，この合計額を変動する要因」という場合の「直接」の意味は，「損益計算書を経由しないで」ということである。

> ### 「この合計額を変動する要因」
>
> 　剰余金の額を求める場合に，損益計算書を通さずに加減する項目には，次のようなものがある（会社法446条5－7号）。
> 　±①　自己株式の処分差損益
> 　＋②　資本金を減少した場合の減少額（準備金組入額を除く）
> 　＋③　準備金を減少した場合の減少額（資本金組入額を除く）
> 　－④　自己株式を消去した場合の，自己株式の帳簿価額
> 　－⑤　剰余金の配当を行った場合の，流出財産の帳簿価額
> 　－⑥　剰余金を減少して資本金または準備金を増加した場合の，当該減少額
> 　－⑦　剰余金の配当を行った場合の，準備金積立額

剰余金の処分（会社法）

　利益処分という概念は，会社法にはない。これに代わって，「剰余金の処分」という概念が使われている。

　剰余金の処分には，①「剰余金の配当」などの会社財産が処分されるタイプのものと，②準備金・資本金との計数の振り替えを行う剰余金の処分がある。

後者は，具体的には，損失の処理，任意積立金の積み立て・取り崩し，その他資本剰余金・その他利益剰余金がマイナスの場合に他方の剰余金で他方を埋め合わせること，その他剰余金内部での項目の振り替えを行うことをいう（会社法452条）。

剰余金の処分
- 会社財産の処分
  - 剰余金の配当
- 資本金・準備金との計数の振替え
  - 欠損てん補
  - 任意積立金の積立て・取崩し
  - 剰余金内部での振替え

剰余金の配当（会社法）

　株主に対する金銭の分配（現金の利益配当，中間配当，資本および準備金の減少に伴う払い戻し）を，まとめて剰余金の配当という。自己株式を有償で取得することも株主に対して剰余金を払い戻す点で同じことから，これらは統一的に財源規制が課されている。

　ここでいう「剰余金の配当」は，株主に対して会社財産を払い戻す行為をいい，一般的な用語でいう「配当」「配当請求権」とは必ずしも一致しない。会社法では財源規制を課す剰余金の払い戻しを「剰余金の配当等」としている。

　旧商法では，株主に対して行う配当は「利益ノ配当」と呼ばれたが，その原資は利益に限られず，配当を行うことによりその他資本剰余金が減少する場合もあったことから，これを「剰余金の配当」と呼ぶように変更した。会社法には，「利益の処分による配当」という概念がない。

　株式会社は，株主総会の決議により，いつでも，期中に何回でも剰余金の配当等が可能になっている。取締役会設置会社の場合は，定款に剰余金の配当等を決めておけば，取締役会の決議をもって決定できる（会社法459条1項4号）。

株主に対する剰余金の払い戻し		
株主に剰余金を払い戻す行為には，次のものがある。		
a　旧商法の，利益配当 b　中間配当 c　資本および準備金の減少に伴う払い戻し	剰余金の配当	剰余金の配当等
d　自己株式の有償による取得		

剰余金の分配（会社法）

　剰余金の分配は，①剰余金の配当や自己株式の取得などのように，株主に対して会社財産を払い戻すこと（これを，「剰余金の配当」という），②「剰余金の処分」，剰余金を減少して資本金・準備金を計上することなどにより会社に利益等を留保すること，③資本金・準備金を減少して処分可能な剰余金を作出すること，をいう。

剰余金の分配
- 剰余金の配当
  （株主に対する金銭の分配）
- 剰余金の処分
  （会社財産の処分と資本金・準備金との振替え）
- 剰余金の作出
  （資本金・準備金の減少による処分可能な剰余金を作出）

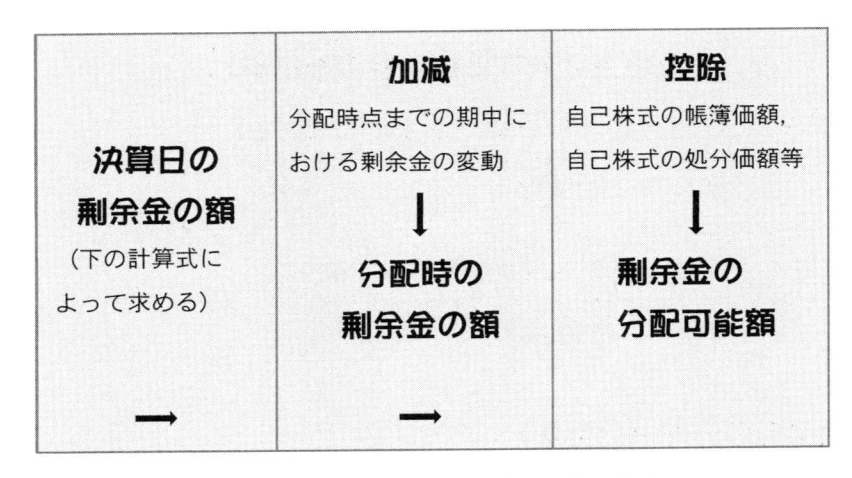

決算日の剰余金の額 (下の計算式によって求める) →	**加減** 分配時点までの期中における剰余金の変動 ↓ 分配時の剰余金の額 →	**控除** 自己株式の帳簿価額，自己株式の処分価額等 ↓ 剰余金の分配可能額

ここで「決算日における剰余金の額」は，次のように求める。

決算日における剰余金の額

資産の額
+ 自己株式の帳簿価額
− 負債の額
− 資本金，準備金の額

= その他資本剰余金 / その他利益剰余金 （合計額）

剰余金の分配可能額と繰延資産

　会社法では，繰延資産が換金可能性とか譲渡可能性といった，他の資産に認められる価値や性格（資産性）を有しないことから，**資本金と準備金の額**（合わせて，**資本等金額**という。これらは，配当原資に含まれない）を超えて計上される場合には，超過額を分配可能額から控除する（会社法461条，会社計算規則186条1項）。

　繰延資産と同様に，譲渡価値や換金価値を有しない資産項目に，「のれん」がある。のれんに対しても，会社法では，繰延資産と類似の配当規制をおいている。　→ のれん等調整額

剰余金と分配可能額の関係

		（事業年度末における）剰余金（会社法446条)		
		その他資本剰余金	その他利益剰余金	
分配時点までの剰余金の額の変動	出資を源泉とする	＋ 自己株式処分益 ＋ 資本金・資本準備金の取り崩し ＋ 合併，分割の相手会社から引き継ぎ	＋ 当期純利益 ＋ 利益準備金の取り崩し ＋ 合併，分割の相手会社から引き継ぎ	利益を源泉
	出資の払い戻し	－ 自己株式処分差損 － 自己株式消去 － 剰余金の配当	－ 当期純損失 － 合併，分割の相手会社から引き継ぎ － 合併，分割等による債務超過の引き継ぎ	損失を源泉
	内部留保	－ （剰余金から）資本金・資本準備金の積立て	－ 剰余金の配当	株主への払い戻し
			－ 利益準備金の積立て	内部留保
			－ その他資本剰余金のマイナス部分等の吸収	

↓

以上により，会計ルールに従って計算した「剰余金」の額が求められる。

↓

分配可能額の減算項目
（会社法上の観点から分配を制限する項目。会計上，純資産の部に計上することを認めても，会社法の観点からは資産としての実質を伴わないと判断される項目を分配財源から除外する）
・自己株式の帳簿価額
・のれん等調整額
・評価・換算差額等

↓

分配可能額（会社法461条）

賞与引当金

わが国では、一般に、盆と暮に、従業員にボーナス（賞与）が支給される。ボーナスは、労働協約や賞与支給規定などによって支給対象となる期間や金額が決まっていることが多いが、決算期と支払時期がずれるのが普通である。

6月と12月に賞与を支給するとしたら、通常は、前年12月から当年5月までの勤務に対して6月に賞与が支払われ、6月から11月までの勤務に対して12月に賞与が支払われる。決算が3月末日であると、12月から3月までの期間の勤務に対するボーナス（費用）は、すでに発生している。法律上も**支払義務**があるし、従業員には**支払請求権**がある。

こうした場合に、すでに勤務した期間に対応するボーナスの金額を見積もり、これを当期が負担する費用として計上し、実際に支払う時期まで、「賞与引当金」として貸方に計上するのである。

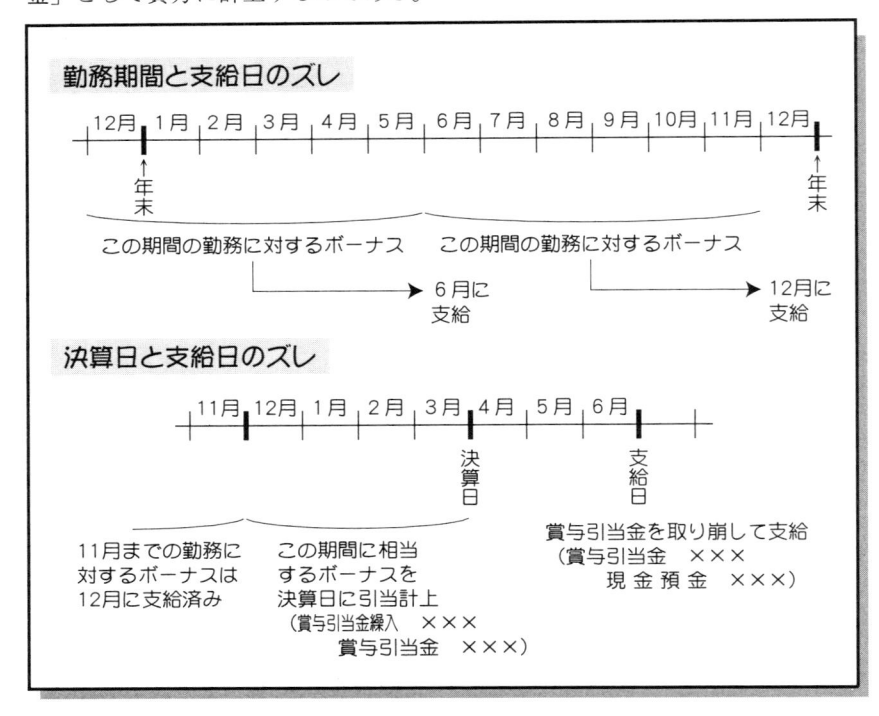

勤務期間と支給日のズレ

| 12月 | 1月 | 2月 | 3月 | 4月 | 5月 | 6月 | 7月 | 8月 | 9月 | 10月 | 11月 | 12月 |

↑年末　　　　　　　　　　　　　　　　　　　　　　　　　↑年末

- この期間の勤務に対するボーナス → 6月に支給
- この期間の勤務に対するボーナス → 12月に支給

決算日と支給日のズレ

| 11月 | 12月 | 1月 | 2月 | 3月 | 4月 | 5月 | 6月 |

決算日（3月末）　支給日（6月）

- 11月までの勤務に対するボーナスは12月に支給済み
- この期間に相当するボーナスを決算日に引当計上
  （賞与引当金繰入　×××
　　賞与引当金　×××）
- 賞与引当金を取り崩して支給
  （賞与引当金　×××
　　現金預金　×××）

将来減算一時差異と将来加算一時差異（税効果会計基準）

「一時差異」には，その差異が解消するときに課税所得を減額する効果を持つものと，課税所得を増額させる効果を持つものがある。前者を「将来減算一時差異」といい，これにかかわる税金の前払額が繰延税金資産である。

例えば，貸倒引当金，退職給付引当金等の引当金の損金算入限度超過額，減価償却費の損金算入限度超過額，損金に算入されない棚卸資産等に係る評価損等がある場合のほか，連結会社相互間の取引から生じる未実現利益を消去した場合に生じる（税効果会計基準注解・注2）。

また，後者を「将来加算一時差異」といい，これにかかわる税金の未払額を繰延税金負債という。例えば，剰余金の処分により租税特別措置法上の諸準備金等を計上した場合のほか，連結会社相互間の債権と債務の消去により貸倒引当金を減額した場合に生じる（税効果会計基準注解・注3）。

所有権移転ファイナンス・リース取引と所有権移転外ファイナンス・リース取引

リース取引のうち，「解約不能」などの条件によってファイナンス・リース取引に分類される取引は，リース物件の所有権が貸し手から借り手に移転する取引と，リース物件の所有権が貸し手に残り，借り手に移転しない取引に区別される。前者を「所有権移転ファイナンス・リース取引」といい，後者は「所有権移転外ファイナンス・リース取引」という。

現在価値基準と経済的耐用年数基準のいずれかに該当する取引（これは，ファイナンス・リース取引とされる）のうち，次の①から③のいずれかに該当する場合には，「所有権移転ファイナンス・リース取引」に該当するものとし，それ以外のファイナンス・リース取引は，「所有権移転外ファイナンス・リース取引」とする（リース会計基準の適用指針，10項）。

所有権移転ファイナンスリース取引

①	リース契約上，リース期間終了後またはリース期間の中途で，リース物件の所有権が借手に移転することとされているリース取引
②	リース契約上，借手に対して，リース期間終了後またはリース期間の中途で，名目的価額またはその行使時点のリース物件の価額に比して著しく有利な価額で買い取る権利（割安購入選択権）が与えられており，その権利を確実に行使することが予想されるリース取引
③	リース物件が，借手の用途等に合わせて特別の仕様により製作または建設されたものであって，このリース物件を返還後，貸手が第三者に再びリースまたは売却することが困難であるため，その使用可能期間を通じて借手によってのみ使用されることが明らかなリース取引

所有目的による有価証券の分類

①	売買目的有価証券
②	売買目的有価証券
③	子会社株式および関連会社株式
④	①〜③以外の有価証券（その他有価証券）

新株予約権（会社法）

　株式会社に対して行使することにより，当該株式会社の株式の交付を受けることができる権利をいう（会社法2条21号）。新株予約権は，将来において，権利が行使されれば払込資本になる。しかし，失効した場合は，払込資本とはならない。これまで，新株予約権が権利行使されるかどうかがわからないことから，仮の勘定として負債の部に計上してきた。しかし，この予約権は返済義務のある負債ではないことから，今後は，純資産の部に計上することになった。
　→ ストック・オプション

新株予約権発行費（会社法）

新株予約権を発行するときにかかる費用をいう。資金調達の費用であるから，社債発行費と同様に，繰延資産として処理することも認められる。

真実性の原則

企業会計原則一般原則の冒頭に掲げられている原則。

> 「企業会計は，企業の財政状態及び経営成績に関して，真実な報告を提供するものでなければならない。」

企業会計を行うに当たって，あらゆるルールに優先して適用される根本的な原則であり，企業会計の最高規範とされる。

この原則は，簡単にいうと，会計報告を行うにあたっては真実を伝えること，うそをいわないことを要求している。

表面的には「報告」における真実性だけが要求されているようにも読めるが，報告の真実性の前提として「処理の真実性」がある。

（要求）
- 会計処理の真実性
- 会計報告の真実性

の両者が要求される

（表面的には「報告の真実性」のみが要求されているようにみえるが，報告の真実性の前提として「処理の真実性」がある）

⬇

（目的）
① **不実行為**を排除すること
　↪ 事実に反する会計行為
　　　有るもの（大きいもの）→ 無いという（小さいという）
　　　無いもの（少ないもの）→ 有るという（多いという）
② 公正性を確保すること（誤解を防止する）

新静態論

　新静的貸借対照表論ともいう。動態論による会計理論と実務が確立した後に出現した静態論を指す。動態論以前の静態論は，貸借対照表に財産（価値）計算の機能を与えるのに対して，新静態論は財産評価を行わず，貸借対照表の数値が損益計算の結果であることを認めながらも，なおかつ，貸借対照表に何らかの価値・資本の状況（資本の調達源泉と運用形態など）を表示する機能を認めようとする。　→　静態論，動態論

新設分割（会社法）

　1社または2社以上の株式会社または合同会社がその事業に関して有する権利義務の全部または一部を分割により設立する会社に承継させることをいう（会社法2条30号）。

〔す〕

数量計算

商品・製品などの棚卸資産が，当期にどれだけ費消・使用されたか，期末にどれだけ残っているかを計算すること。この計算を受けて，金額計算（棚卸資産の原価を，先入先出法などによって当期の売上原価と次期に繰り越す原価に配分すること）を行う。数量計算の方法としては，棚卸計算法と継続記録法がある。→ 棚卸計算法，継続記録法，金額計算，原価配分

数量法

先入先出法，後入先出法，平均法などは，まとめて数量法と呼ばれている。棚卸資産自体の数量計算（仕入れ量，在庫量，費消量を数量で把握すること）が行われることを前提として原価配分されるからである。

ところが，数量ではなく，棚卸資産の金額だけを使って原価配分する方法もある。これを，金額法と呼んでいる。金額法として有名なのは，売価還元法と金額後入先出法（ドル価値法）である。→ 売価還元法，金額法

ステーク・ホルダー

株主，債権者，課税当局など，企業と何らかの利害関係を持つ者で，利害関係者ともいう。ステークは，競馬の掛け金や賞金の意味であり，ステーク・ホルダーは，そうした「掛け金や賞金をもらう人」が原義である。

ストック・オプション

会社が取締役や従業員に職務執行の対価として付与する，株式を受け取る権利（新株予約権）をいう。取締役にストック・オプションを付与する場合には，取締役の職務執行の対価である財産上の利益に該当し，会社法361条に規定する「報酬等」に含まれる（会社法240条1項，361条）。 → **新株予約権**

〈せ〉

正規の簿記の原則

　企業会計原則一般原則のひとつ。この原則は，一定期間において発生したすべての取引を，その取引の事実に基づいて，正規の簿記を用いて記録し，それを元にして作成した正確な会計帳簿から誘導して財務諸表を作成することを要求している。

> 正規の簿記＝真実な会計報告書の作成方法として適格である簿記
>
> ⇩
>
> （要件）
> ① 一会計期間に発生したすべての取引を　　　　　（記録の網羅性）
> ② 実際の取引事実その他検証可能な証拠をもとにして（記録の検証可能性）
> ③ 継続的，組織的に記録し，　　　　　　　　　　（記録の秩序性）
> ④ その記録から，財務諸表を誘導作成しうること　（財務諸表誘導可能性）

税金等調整前当期純利益金額（会社法）

　連結損益計算書において「税引前当期純利益金額」を表示する場合の名称。

税効果会計

　企業会計上の収益・費用と課税所得計算上の益金・損金の認識時点の相違などを原因として，会計上の資産・負債と課税所得計算上の資産・負債が金額的に異なる場合に，法人税等の額を適切に期間配分することにより，「税引前当期純利益」と法人税等を合理的に対応させる手続きをいう。

　少し噛み砕いて説明する。課税所得を計算する税法上の益金・損金は，会計上の収益・費用と異なるところがあり，また，会計上の資産・負債と税金計算

上の資産・負債の額も相違することがある。そこで，会計上の利益がそのまま税法上の所得にはならない。そのために，法人税を計算する上で，会計上の利益を税法の目的に合うように調整して，課税する所得を決める。

そこでは，税引前当期純利益の額（会計上の利益）と，税務計算上の利益である所得金額が異なることになり，当年度に実際に支払う税金の額と，本来，当年度が負担すべき税金の額も異なることになる。

〔繰延税金資産と繰延税金負債〕

税効果会計では，会社が支払うべき税金の中に，将来戻ってくるもの，将来の税額を減らすものを，損益計算書に計上する税金の額から減額し，貸借対照表に前払の税金（繰延税金資産）として計上する。

逆に，現在では税金を支払うことはないが，将来において税金を負担するものがあれば，貸借対照表に未払いの税金（繰延税金負債）を計上する。

こうすることにより，法人税その他利益に関連する金額を課税標準とする税金の額を適切に期間配分することにより，税引き前の当期純利益と法人税等の額を合理的に対応させることができる。税効果会計を採るか採らないかは企業会計のことであって，企業が支払う税金の額は，同じである。

税効果会計の方法（税効果会計基準）

繰延法と資産負債法がある。わが国の会計基準は，資産負債法を採用している（税効果会計基準）。 → 繰延法，資産負債法

清算会計

すぐにでも清算・解散することを予定している企業であるとか，あと数ヶ月で倒産しそうな企業が，そうした事態を前提として行う会計をいう。

会社法上は，会社法の清算規定に基づき清算株式会社が行う会計をいう。

清算会計は，所有する資産をすべて清算価値（即時売却時価）で評価して，債務を弁済し，さらに残りがあればこれを株主に分配する。継続企業では，繰延資産やのれんのような換金価値のない資産も計上されるが，清算会計では，

換金価値のない資産は計上されない。　→ ゴーイング・コンサーン

生産高比例法

　航空機・精密機械・鉱業用設備などのように，あらかじめ総生産高や総利用時間を合理的に予測できることもある。こうした場合には，**各期の生産量や利用時間に比例して減価償却費を計算する**のが理に適っているといえる。生産高比例法は，こうした場合に適用される。

　この方法では，各期の減価償却費を次のいずれかの算式によって求める。

$$各期の減価償却費 = (取得原価 - 残存価額) \times \frac{当期の実際生産高}{見積もりによる総生産高}$$

　　または

$$各期の減価償却費 = (取得原価 - 残存価額) \times \frac{各期の実際利用時間}{見積もりによる総利用時間}$$

静態論

　静的貸借対照表論ともいう。財産計算の立場から貸借対照表を解釈する見解を指し，ドイツのシュマーレンバッハが命名した。多数の学者によって異なる静態論が展開されたが，財産の計算，価値の計算を重視し，貸借対照表をもって，一時点における資産・負債・資本を計算・表示する計算書と解するところに共通の特色がある。　→ **動態論，新静態論**

制度会計

　法律制度の枠内で，法律の目的を達成するために行われる会計をいう。会社法会計（旧商法会計），金融商品取引法会計（旧証券取引法会計）など，財務会計の領域のうち，法規定に基づいて行われる領域を指し，財務会計の領域のうち，こうした法律にとらわれない会計を**情報会計**という。

製品保証引当金

　当企業が販売する製品に，一定の期間，部品交換・無償修理等の保証をつけることがある。一般的に，保証書が発行される。

　パソコンを買っても車を買っても，1年間とか2年間の保証期間がある。その期間内に一定の故障などが発生した場合に，製造者または販売者が部品交換や修理を無償で行う。

〔当期に販売した製品の修理費用〕

　製造・販売する企業にすれば，無償で行う部品交換や修理などの費用は，製品を販売したという事実を原因としているので，当期に販売した製品に対して当期中にクレームが生じた場合は，その費用は当期に計上する。

〔次期以降の修理費用〕

　当期に販売しながら次期以降にクレームが生じた場合，次期以降の期間に修理費や部品交換費を負担させるのは，期間損益計算の見地から好ましくない。

　そこで，製品保証をつけている場合は，**製品を販売した期の収益に修理費等を見積もって負担させる必要があり**，そうして費用が計上される場合の貸方科目として「**製品保証引当金**」が設定される。

成文法と不文法

　法には，文書になっている法，つまり，「文字で書かれた法」と，文書になっていない法がある。前者を**成文法**，後者を**不文法**という。成文法は，一定の手続き（例えば，国会の議決）を経て定められる「制定法」で，不文法は，慣習法や判例法をいう。

セグメント情報

　これまで，連結財務諸表を作成する会社（親会社）は，連結集団に関する財務情報として，企業集団の売上高，売上総損益，営業損益，経常損益その他の財務情報を事業の種類別，親会社と子会社の所在地別等の区分単位に分けて公

表してきた。

しかしながら，わが国を代表する大企業の2割もが，単一のセグメントで済ませたり事業種類別のセグメント情報を作成していなかった。そのためにセグメント情報の開示制度が十分に機能していないという批判があり，平成20年3月に，企業会計基準第17号「セグメント情報等の開示に関する会計基準」が公表された。

新基準では，アメリカや国際的な会計基準が採用している「マネジメント・アプローチ」を採用することとした。このアプローチは，旧基準のような事業の種類別とか所在地別といった画一的なセグメントではなく，「**経営者が経営上の意思決定を行い，また，企業の業績を評価するために使用する事業部，部門，子会社**」などの企業を構成する単位（セグメント）に関する情報を提供するとするものである。

旧基準では，連結財務諸表の情報をセグメントに分解して開示するものであったが，新基準は，経営の意思決定が行われ，業績評価が行われる単位をセグメントとするために，必ずしも連結財務諸表を作成する企業集団だけではなく，連結財務諸表を作成しない場合にも**個別財務諸表の注記情報**として開示することになる。

この方法によれば，会計情報の利用者が経営者と同じ視点で企業を見ることができるようになるという。

セール・アンド・リースバック取引

所有する物件を貸し手に売却し，貸し手から当該物件のリースを受ける取引をいう。セール・アンド・リースバック取引がファイナンス・リース取引に該当する場合には，借手は，リース物件の売却に伴う損益を**長期前払費用**（売却損が出る場合）または**長期前受収益**（売却益の場合）等として繰延経理し，減価償却費に加減（益なら減額，損なら増額）して損益に計上する。

前期損益修正

過去における計算間違い，計上ミス，耐用年数の変更などを原因として，これまでに計上した損益を修正するための項目。「前期」は必ずしも前の年度1年だけを指すのではなく，前期以前をいい，「過年度」と同じ意味で用いている。

潜在的投資者・潜在的投資家

現在は投資家（投資者）ではないが，将来，投資家になる可能性がある人を指す。会社の場合，現在の株主に対して，将来株主になる（当社の株を買ってくれる）可能性がある人を，「潜在的株主」という。

どこかの会社や事業に投資しようと考えている人や，事業投資の資金を持っている人はすべて，潜在的投資家であり潜在的株主である。

全体損益計算

企業が設立されてから解散するまでの，いわば「企業の一生」を対象として行う損益計算をいう。企業存続中には決算を行わず，解散時に一度だけ，決算を行うものである。　→　期間損益計算，口別（くちべつ）損益計算

全体利益

全体損益計算で計算される利益を，「全体利益」または「全期間利益」という。全体利益は，企業の設立から解散までの間に生じた収入合計から支出合計を差し引いて計算される（期中における利益の分配はないものとする）。全体利益は，企業が解散するときに残される現金の額に等しい。

全体利益＝全期間の収入－全期間の支出

　→　一致の原則

〔そ〕

総資本

　負債と自己資本を合計した金額で，貸借対照表の貸方合計をいう。金額的には「総資産」と同じになる。

　「総資本」という言葉が意味するところは，「企業に投下されているすべての資本」，つまり，銀行等が資金提供している「**負債（他人資本）**」と企業の所有者が資金を出している「**自己資本（株主資本）**」が，分けへだてなく経営に投下されているということである。　→ **資本利益率**

総資本利益率（ROA）

　→ **資本利益率**

相対的真実性
そうたい

　会計では，唯一絶対の真実（絶対的真実）というより，幅のある真実（相対的真実）をもって真実としている。

　資産を時価で評価することが求められている場合には，時価による金額が真実な金額とされ，資産を原価で評価しなければならない場合には，原価の額が真実の金額とされる。会計では，こうした，幅のある真実が追求される。これが「相対的真実」と呼ばれる。

　ここで「相対的」というのは，辞典的には「物事が他との比較において，そうであるさま。」（広辞苑）をいう。会計では，具体的には，一定の許容範囲（幅）の中にある数値をもって真実な数値と考えることをいう。

総平均法

1期間ごとにその期に在庫した物品の総平均単価を計算し、この単価を期中に販売・費消した物品と期末に残っている物品の両方に一律に適用する方法である。この総平均単価は、次の式で求める。

$$総平均単価 = \frac{前期繰越金額 + 当期仕入金額}{前期繰越数量 + 当期仕入数量}$$

→ 移動平均法

贈与剰余金

受贈資本ともいう。会社が、株主や株主以外の者から、資金を無償で提供されたり、債務を免除されたりする場合に生じる剰余金をいう。国から受けた**助成金**、**補助金**、公益事業（電力・水道など）で契約者から受け取る**工事負担金**なども、贈与剰余金である。

企業主体理論の下では、資本も利益も株主の立場からではなく、企業自体の立場から決められる。株主から見て利益であっても、企業の立場からは資本とみなすべきものは、資本として処理される。「利益以外の源泉から生じる剰余金」であるから、企業会計原則では「資本剰余金」とされるのである。

創立費

会社の基本的な目的や組織、事業内容を定めた定款や諸規則の作成に係る費用、株式の募集のための広告費、目論見書の印刷費、創立事務所の賃借料など、会社が負担すべき設立費用をいう。

本来の資産ではない（擬制資産）ことから、支出した期間の費用として計上する（繰延資産の実務対応報告）。ただし、この費用は企業の存続する限りその支出の効果が認められることから、支出時に資産（繰延資産）としてバランス・シートに計上し、その効果が及ぶ期間において配分（償却）する処理をとることができる。

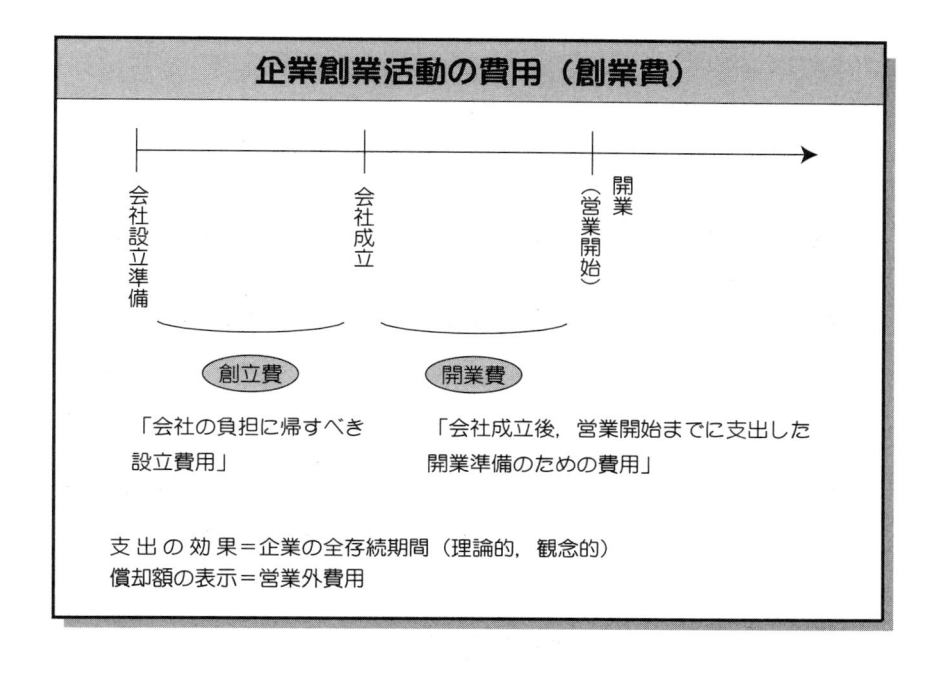

```
┌─────────────────────────────────────────────────────┐
│            企業創業活動の費用（創業費）                   │
│                                                      │
│    ├──────────────┼──────────────┼──────────→       │
│    会              会              開                  │
│    社              社              業                  │
│    設              成             （営                 │
│    立              立              業                  │
│    準                              開                  │
│    備                              始）                │
│        _____/    _____/                      │
│         (創立費)       (開業費)                        │
│      「会社の負担に帰すべき    「会社成立後，営業開始までに支出した │
│       設立費用」               開業準備のための費用」              │
│                                                      │
│    支出の効果＝企業の全存続期間（理論的，観念的）          │
│    償却額の表示＝営業外費用                              │
└─────────────────────────────────────────────────────┘
```

測定
→ 認識・測定・計上

その他資本剰余金（会社法）
これには「資本金および資本準備金減少差益」と「自己株式処分差益」が含まれる。 → 資本金

その他資本剰余金の分配（会社法）
会社法では，分配可能額の算定において，バランスシート上の剰余金（その他資本剰余金とその他利益剰余金）をベースとする。その他資本剰余金が分配可能とされるのは，これが，その他利益剰余金とともに，債権者から，株主に払い戻すことについての承諾を得ていると考えられているからである。
→ 分配可能額

その他有価証券

　金融商品会計基準では,「売買目的有価証券,満期保有目的の債券,子会社株式および関連会社株式」以外の有価証券を,「その他有価証券」と呼んでいる。

　その他有価証券の大部分は,グループ内の企業同士による**持ち合い株式**である。取引関係を維持するために保有するケースや,合併や系列化を視野に入れて保有するケースもある。基準では,「**市場動向によっては売却を想定している有価証券**」も,このグループに含まれるとしている(意見書Ⅲ・四・2・(4)①)。そういう条件をつけると,すべての有価証券が該当するともいえるが。

　その他有価証券のうち,**市場価格があるもの**は,「市場が存在すること等により客観的な価額として時価を把握できるとともに,当該価額により換金・決済等を行うことが可能」(意見書Ⅲ・三)であるとして,**時価をもって貸借対照表価額とする**。評価差額は,洗い替え方式により,次のいずれかの方法により処理する。

評価差額の処理

① 評価差額の合計額を純資産の部に計上する
② 評価差益(含み益)は純資産の部に計上し,評価差損(含み損)は当期の損失として処理する

　①は,評価差益がでても差損が出ても,合計額(差益と差損があれば,相殺してネットの額)を純資産の部に計上する(ネットで差益なら,純資産の増加項目,ネットで差損なら純資産の減少項目)ものであり,②は,評価差益と評価差損を相殺せずに,差益は純資産の増加,差損は当期の損失として処理するものである。

　②の処理は,従来の低価法(差損を損失計上する)と整合性をとったものであり,保守主義を適用したものともいえる。

その他利益剰余金(会社法)

　任意積立金と繰越利益剰余金をいう。

損益計算書の構造

　企業活動には，生産活動，販売活動，管理活動，資金調達や資金運用の活動など，いろいろな活動がある。損益計算書では，そうした各種の企業活動別に成果を計算表示するように工夫している。

　次に損益計算書のひな形（モデル図）を示し，次頁に各種の企業活動とその成果をどのように計算するかを示す。

	損益計算書		
	Ⅰ　売上高		100
	Ⅱ　売上原価		
営業損益計算	1　商品期首棚卸高	10	
	2　当期商品仕入高	54	
	3　商品期末棚卸高	4	60
	売上総利益		40
	Ⅲ　販売費及び一般管理費		
	販売手数料	2	
	広告宣伝費	1	
	給料・手当	4	
	減価償却費	3	10
	営業利益		30
経常損益計算	Ⅳ　営業外収益		
	受取利息及び割引料	1	
	受取配当金	5	6
	Ⅴ　営業外費用		
	支払利息	10	
	有価証券評価損	1	11
	経常利益		25
純損益計算	Ⅵ　特別利益		
	固定資産売却益		2
	Ⅶ　特別損失		
	為替損失		4
	税引前当期純利益		23
	法人税等		11
	当期純利益		12

（ここまでが当期業績主義の損益計算書／全体として包括主義の損益計算書）

		（販売活動の量）
売　上　高		100

（販売活動の成果）

売　上　原　価　60	売上総利益　40

（販売活動・一般管理活動の量）（本業の成果）

販売費一般管理費 10	営業利益　30

（主たる営業以外の活動量）（平常の成果）

営業外損益 5	経常利益　25

（超期間・臨時の活動量）（今年の成果）

特別損益 2	税引前利益　23

法人税等 11	当期純利益 12

損益取引

「企業の営業活動によって自己資本を増減させる取引」をいう。「利益剰余金を増減する取引」といってもよいであろう。ただし，同じく利益剰余金を増減させる取引でも，「剰余金の配当」などは，営業活動によるものではないので，「損益取引」には入らない。 → 資本取引

損益取引と資本取引

損益取引＝損益を発生させる取引
　　（例）　商品の販売，利息の支払い，給料の支払い
資本取引＝直接に純資産を増減させる取引
　　（例）　増資，減資

損益法

期間の収益から費用を差し引いて，当期の利益を求める方法をいう。一定期間に生じた収益と費用というフロー同士を比較して，アウトフロー（費用）よりもインフロー（収益）が大きければ財産の増加があったはずだと考えるものであるから，利益の存在を観念的・抽象的に確認する方法である。 → 財産法

損害補償損失引当金

取引先などから債務不履行などを理由に，損害賠償請求の訴えがなされており，裁判によって賠償の義務が生じる可能性が高くなってきた場合に設定される引当金である。

損益の種類と区分

企業の活動は，大きく分けて3つある。1つは，本業の活動で，「営業活動」という。こうした本業から生まれる損益を「営業損益」と呼ぶ。企業は，本業を行う上で必要な資金を調達したり，余裕資金（余資という）を運用したりす

る。こうした従たる営業活動は，最近の言葉で言うと「財テク」であるが，この従たる営業活動から生まれる損益を「営業外損益」という。「営業外」というのは，正しくは「主たる営業活動以外の営業活動」ということである。

　本業の損益（営業損益）と財テクの損益（営業外損益）を合算した損益は「経常損益」と呼ばれる。いつの期間にも経常的に発生する「期間損益」ということである。「平年の損益」「普段の実力を示す損益」という意味である。

　「普段の実力」とは関係のない損益もある。たとえば，火災による損失とか，盗難による損失，長年にわたって所有していた土地を売却して得た利益などである。こうした，当期の営業活動や財テク活動に関係のない損益は「特別損益」と呼ばれる。当期にとって臨時・異常な損益や過年度における計算の誤りを修正する項目などが含まれる。

　「本業の損益」「財テクの損益」「特別損益」を通算すると，今年の損益が計算される。これを「当期純利益」という。

　以上の損益を図表にして示す。

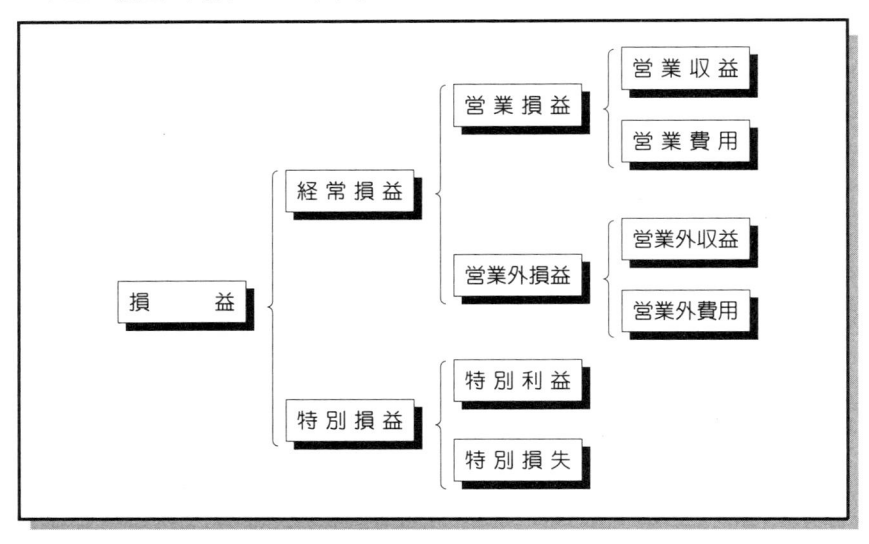

```
                        ┌─ 営業損益 ─┬─ 営業収益
                        │            └─ 営業費用
            ┌─ 経常損益 ─┤
            │           │            ┌─ 営業外収益
損　益 ─────┤           └─ 営業外損益 ┤
            │                        └─ 営業外費用
            │            ┌─ 特別利益
            └─ 特別損益 ─┤
                         └─ 特別損失
```

損失の処理（会社法）

　会社法では，「剰余金の処分」の一例として，「任意積立金の積立て」とともに，「損失の処理」を上げている（会社法452条）。利益剰余金がマイナス（つまり，繰越損失がある）の場合，その他資本剰余金などをもって表示上の損失を埋めることを「**欠損てん補**」というが，この行為は「**剰余金の処分**」に該当する。

〔た〕

対価

売買取引において相手に代金として譲渡する金品または相手から譲受する金品。代価として授受する金品としては、**現金**や**債権**（売掛金，受取手形）だけではなく，**有価証券**や相手企業の商品・製品のこともあれば，相手企業との**債権・債務との相殺**（当社の商品を販売し，その代金を取引先に対する買掛金と相殺するようなケース）ということもある。

大会社（会社法）

次の①か②に該当する会社をいう（会社法2条6号）。

大会社
① 最終の事業年度に係る貸借対照表に資本金として計上した額が5億円以上
② 同貸借対照表の負債の部に計上した額の合計額が200億円以上

大会社の場合，①会計監査人を設置する，②有価証券報告書提出会社は連結計算書類を作成するなどの規制がある。

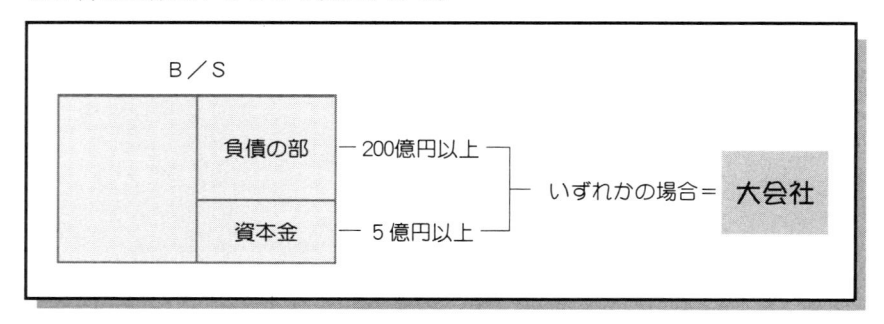

```
          B／S
    ┌─────┬─────┐
    │     │ 負債の部 │── 200億円以上 ─┐
    │     ├─────┤              ├─ いずれかの場合＝ 大会社
    │     │ 資本金  │── 5億円以上 ──┘
    └─────┴─────┘
```

[152]

退職給付

　一定の期間にわたり労働を提供したこと等の事由により，**退職後に従業員に支給する給付**をいい，代表的なものに**退職一時金**と**退職年金**がある。これらの退職給付は，企業の手許資金から支給したり，企業が外部に積み立てて運用を委託してある資産（**年金資産**という）を取り崩して支給する。

　将来の退職給付のうち，当期の負担に属する額を当期の費用として引当金に繰り入れ，この引当金の残高を貸借対照表の負債の部に計上する。この処理は，**企業会計原則に基づく引当金の設定**に従うものである。

　なお，企業外部に年金資産を積み立てている場合には，負債を計上するときにその年金資産を差し引くとともに，年金資産を運用して得られると期待される収益（**期待運用収益**）を，退職給付費用の計算において差し引く。

退職給付債務

　退職給付会計基準によれば，「退職給付債務」は，原則として従業員一人一人について，定年退職するときに受け取るべき金額（退職一時金と退職年金の合計。「**退職給付見込額**」という）のうち，期末までに発生していると認められる額を，一定の割引率と，今後勤務すると予想される期間（「**残存勤務期間**」という）に基づき，現在価値に割り引いて計算する。**年金資産がある場合は，期末における公正な評価額により，退職給付債務から差し引く。**

　つまり，当期末に引き当てておくべき退職給付引当金は，**年金資産控除後の退職給付債務の額**ということになる。

退職金

　退職に際して，雇用主から支給される金銭。**退職一時金，退職手当**など。

退職年金

　退職者に対して，共済制度等により支給される年金。在職期間や在職中の平均給与などに基づいて支給額が決まる。

退職給付引当金

　企業は，労働協約，就業規則，退職金支給規定などで約束している場合，従業員が退職すると，退職金や**退職年金**を支給する。そうした**退職給付**の費用は，退職時の一時に発生するものではなく，従業員の在職期間中に，その勤続年数が増加するにつれて発生する。

　そこで，従業員に退職金等を支払う期日が何年か後であっても，その支出の原因または支出の効果が期間する帰属に基づいて，**当期において発生した給付額を損益計算書に費用として計上する**。

〔当期費用額の算定方法〕

　当期に計上する費用額は，それを直接に求めることはせず，各期末に，契約に基づく退職給付の**要支給額**を計算して，当期における**要支給額の増加分**を当期費用として計上する。このとき，貸方項目とされるのが，**退職給付引当金**である。

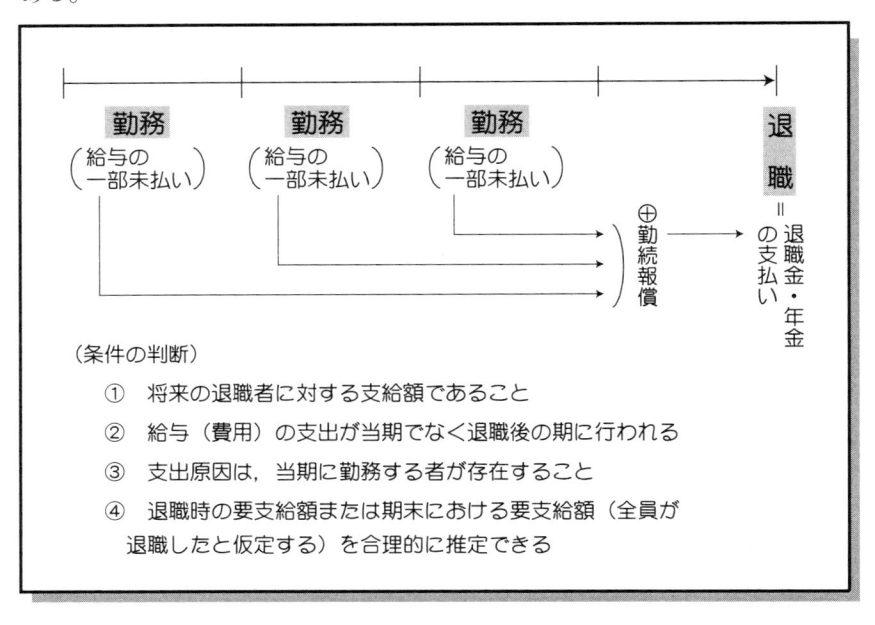

```
勤務         勤務         勤務              退職
(給与の     (給与の     (給与の         = 退職金・年金
一部未払い) 一部未払い) 一部未払い)      の支払い
    └──────┴──────┴──→ ⊕勤続報償 ─→
```

(条件の判断)
① 将来の退職者に対する支給額であること
② 給与（費用）の支出が当期でなく退職後の期に行われる
③ 支出原因は，当期に勤務する者が存在すること
④ 退職時の要支給額または期末における要支給額（全員が退職したと仮定する）を合理的に推定できる

大陸法

ヨーロッパ大陸の国々，特に，フランス，ドイツなどで採用されている法律の系統。わが国は，明治時代にドイツ・フランスなどから法体系を輸入したことから，大陸法系の法制を採っている。　→ コモン・ロー

他勘定振替高

商品（製品）の一部を，見本として使ったり自家消費したりした場合に，これらを売上原価の計算から除外して，適当な科目に振り替える。これが他勘定振替高である。商品を見本に使ったとすれば，販売費に算入されることになるし，自家消費すれば，資本の引き出しとして処理される。

タコ配当

会社が，配当すべき利益がないにもかかわらず配当を行うこと。蛸が，食べるものがなくなると自分の足を食うと言い伝えられることから，会社が自分の資本から配当することを指す。法的な概念ではない。

脱税

納税の義務がある者が，納税額の一部または全部を納めずに逃れること。所得控除や非課税制度を利用して税の軽減を計る「節税」と異なり，不法な行為である。

棚卸計算法

棚卸資産の出庫を帳簿に記録せず（入庫の記録は行う），期末の在庫調べ（棚卸）によって当期の費消数量を計算する方法。当期にどれだけの棚卸資産を費消（販売，払い出し）したかは，次の算式によって計算する。

当期払出数量＝期首数量＋当期受入数量－期末在庫数量

実際には，期末だけではなく，期中に定期的に在庫数量を確認して，その時点までの払出数量を計算する。

　こうして当期の払出数量と期末在庫数量を計算する方法を，棚卸計算法とか実地棚卸法と呼ぶ。この方法では，期中における受入数量は記録されるが，期中における払出数量は記録されない。

〔棚卸計算法の長所と短所〕

　この方法の最大の長所は，簡便なことである。期中における払い出しの記録を行わないから，計算と記帳の手間が省ける。もう１つの長所は，期末の在庫量を確実に把握できるということである。

　この方法の最大の短所は，棚卸資産に，紛失，盗難，目減りなどが発生しても把握できないことである。もう１つの短所は，期中においては在庫の数量とその変化を把握できないことである。　→　継続記録法

棚卸減耗費(たなおろしげんもう)

　在庫は，十分な管理をしていても，①紛失したり，盗難にあったり，目減りしたりする。また，②店晒(たなざら)し（商品が売れずに長い間店頭にさらされること）にあったり，時間の経過によって品質が劣化したり，流行遅れになったりもする。いずれも，価値を失うか，価値の減少を招く。

　①の原因で発生する費用・損失を「棚卸減耗費」または「棚卸減耗損」といい，②の原因の場合には「棚卸評価損」という。

　紛失・盗難・目減りなどによって棚卸資産が数量的に減少することを「棚卸減耗」という。この棚卸減耗は，棚卸資産の数量計算として継続記録法を採用している場合に把握することができ，帳簿棚卸法を使う場合には把握できない（自動的に売上原価に算入される）。

棚卸減耗の原因と計算

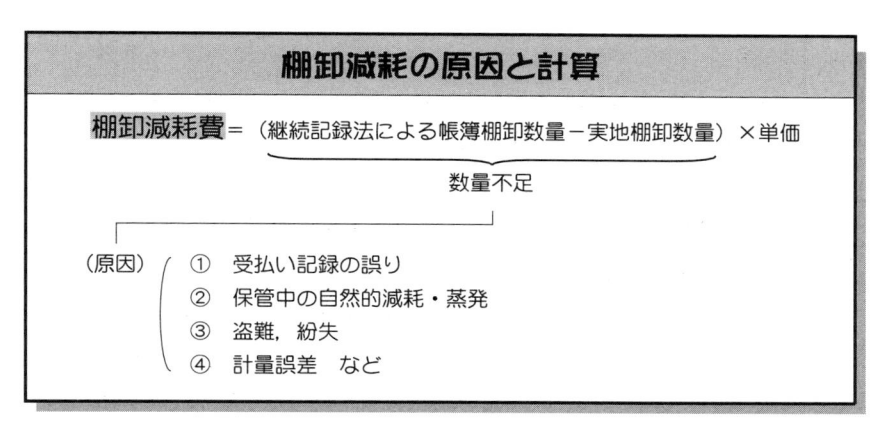

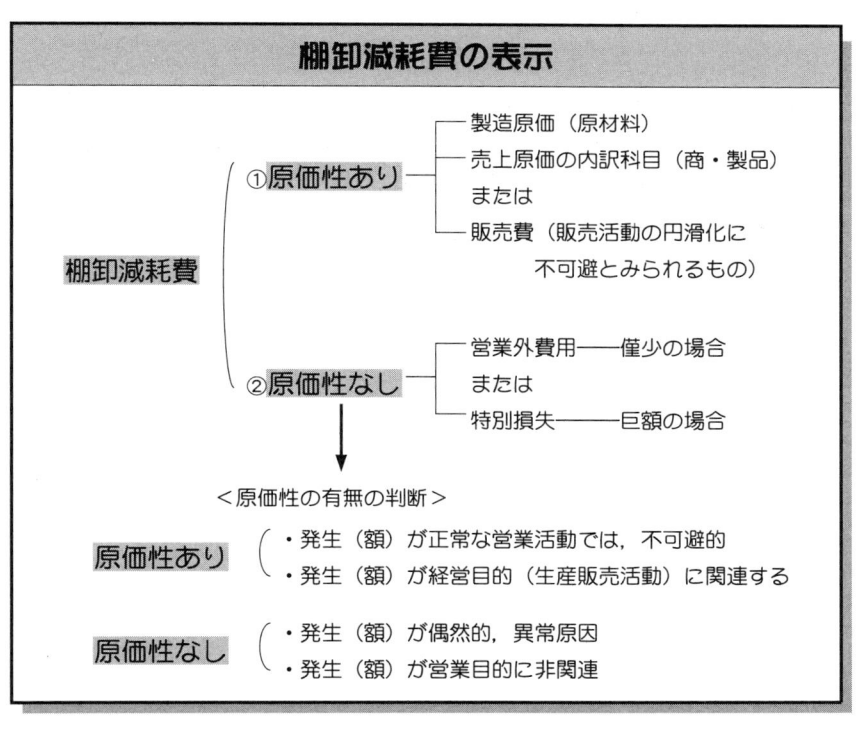

棚卸減耗費 =（継続記録法による帳簿棚卸数量 － 実地棚卸数量）× 単価

（数量不足）

（原因）
① 受払い記録の誤り
② 保管中の自然的減耗・蒸発
③ 盗難，紛失
④ 計量誤差　など

棚卸減耗費の表示

棚卸減耗費
- ① 原価性あり
  - 製造原価（原材料）
  - 売上原価の内訳科目（商・製品）
  - または
  - 販売費（販売活動の円滑化に不可避とみられるもの）
- ② 原価性なし
  - 営業外費用 —— 僅少の場合
  - または
  - 特別損失 —— 巨額の場合

＜原価性の有無の判断＞

原価性あり
- 発生（額）が正常な営業活動では，不可避的
- 発生（額）が経営目的（生産販売活動）に関連する

原価性なし
- 発生（額）が偶然的，異常原因
- 発生（額）が営業目的に非関連

棚卸資産

販売のために保有する**商品・製品**，製品を作るために費消される**原材料**や製造中の**仕掛品**などを総称して，**棚卸資産**という。

販売活動や一般管理活動において短期的に費消される資産，例えば，**事務用消耗品**なども棚卸資産に含める。工場で使う**事務用消耗品**や製品の**包装用品**は製品に**化体**（形を変えて他のものになること）するから，棚卸資産とされる。

また，販売部門や管理部門で使う消耗品や包装用品は，製品には化体しないが，「**短期的に費用化される**」ために，棚卸資産とされる（連続意見書第4）。

こうした資産は，通常，期末に**実地棚卸**（在庫調べ）を行って有り高を確認することから，「棚卸」資産という名称がついた。

〔販売目的で所有する土地・建物〕

一般の事業会社が所有する土地や建物は固定資産であるが，不動産の売買を業とする企業が**販売目的で**保有する土地や建物は，ここでいう販売目的所有であるから，**棚卸資産**（商品）に分類される。同様に，**証券会社**が「商品」として保有する有価証券も棚卸資産である。

棚卸資産の原価配分

商品や原材料などの棚卸資産の原価（取得原価，製造原価）を，販売・費消などによって当期に配分される部分と，手元に残って次期に配分される部分とに分けることをいう。

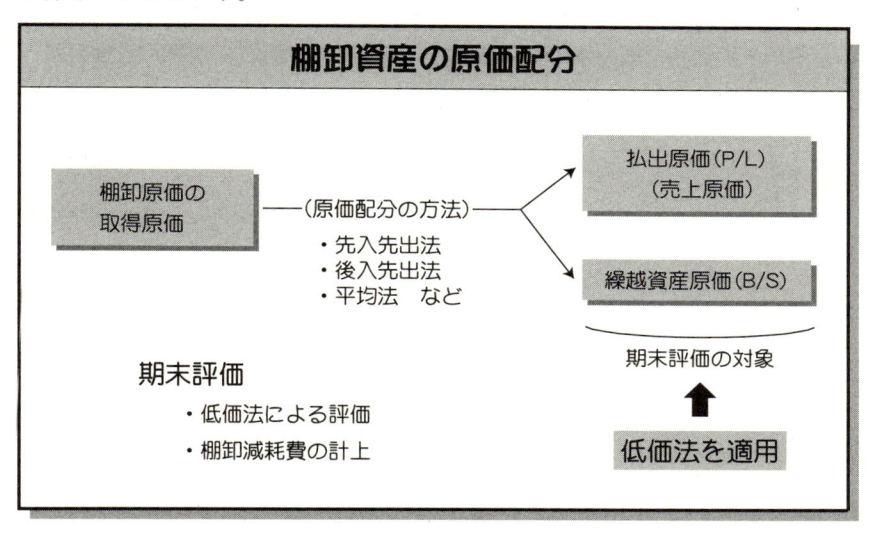

```
棚卸資産の原価配分

棚卸原価の取得原価 ──（原価配分の方法）──→ 払出原価(P/L)（売上原価）
                   ・先入先出法        ↘
                   ・後入先出法          繰越資産原価(B/S)
                   ・平均法  など
                                      期末評価の対象
                                      ↑
                                      低価法を適用
期末評価
 ・低価法による評価
 ・棚卸減耗費の計上
```

他人資本

自己資本に対して，企業所有者以外の者が資金を提供する場合に「他人資本」という表現が使われる。「負債」と同義である。 → 自己資本

単一性の原則

企業会計原則一般原則には，次のように書かれている。

> 「株主総会提出のため，信用目的のため，租税目的のため等種々の目的のために異なる形式の財務諸表を作成する必要がある場合，それらの内容は，信頼しうる会計記録に基づいて作成されたものであつて，政策の考慮のために事実の真実な表示をゆがめてはならない。」

財務諸表はいろいろな目的で作成される。株主総会に提出する財務諸表は会社法施行規則や会社計算規則によって形式が定められている。有価証券報告書に収める財務諸表は金融商品取引法・財務諸表等規則によって形式が決められている。銀行などからお金を借りるために（信用目的という）財務諸表を作成する場合は，法令に従って作成する必要はないが，株主向けの財務諸表よりも詳細な情報を盛り込む必要があるかもしれない。

このように，財務諸表はその目的によって形式が異なることはやむをえないが，そこに盛り込まれる会計数値等は，いずれの財務諸表においても実質的に同じでなければならない。単一性の原則はそうしたことを要求している。

単式簿記

複式簿記以外の簿記システムを総称して，単式簿記という。多くの場合，すべての取引を記帳するものではなく，貸借平均の原理が働かない。複式簿記でいう，借方か貸方のいずれかを単記入する方式が多い。　→ 複式簿記

担保価値

担保は，債務の履行を確実にするために債権者に提供されるもので，抵当権や保証をいうが，担保価値は担保として差し出された不動産や質物の価値（市場価格）をいう。繰延資産にはそうした担保価値はない。

〔ち〕

地上権

他人の土地において，工作物や竹木などを所有するためにその土地を使用する権利をいう。

着荷基準
<small>ちゃっか</small>

取引先が離島とか海外にいると，予定した期日に，確実に届くという保証はない。輸入国の通関に何ヶ月もかかることもある。まれには，輸入規制が変わって，荷揚げできずに返品されてくることもある。

こうした取引の場合には，出荷・発送した時点で引渡しが行われたと考えるのは，現実的ではない。こうした取引の場合には，取引先に商品・製品が到着したことが確認される段階まで待って，収益を計上する。これを「着荷基準」という。

出荷基準，発送基準，着荷基準を合わせて，「納品基準」ということもある。

→ 販売基準

中間配当（会社法）

会社法においては，取締役会設置会社が一事業年度に一回のみ，取締役会決議によって**剰余金の配当**（配当財産が金銭であるものに限る）を行うことができる旨を規定している場合における，当該剰余金の配当をいう（会社法454条5項）。旧商法における中間配当とは法的な意味が異なっている。

注記表

会社法では，新たに計算書類のひとつとして「注記表」を作成することになった。企業集団の場合は，「連結注記表」を作成する。

注記表に記載する事項（会社計算規則129条）

1. 継続企業の前提に関する注記
2. 重要な会計方針に係る事項に関する注記（連結注記表の場合は、連結計算書類の作成のための基本となる重要な事項に関する注記）
3. 貸借対照表等に関する注記
4. 損益計算書に関する注記
5. 株主資本等変動計算書（または連結株主資本等変動計算書）に関する注記
6. 税効果会計に関する注記
7. リースにより使用する固定資産に関する注記
8. 関連当事者との取引に関する注記
9. 1株当たり情報に関する注記
10. 重要な後発事象に関する注記
11. 連結配当規制適用会社に関する注記
12. その他の注記

長期請負工事

会計の世界で、「長期」というときは、ほぼ「1年を超える」という意味である。短期借入金と長期借入金の違いも、資産・負債を短期（流動資産・負債）と長期（固定資産・負債）に分ける「1年基準」も、「1年を超える」かどうかで区分している。

〔「長期」の意味〕

しかし、請負工事契約でいう「長期」は、そうではない。ここでは、工事が「次期にまたがる」という意味である。1年以内の工事でも、その工事が次の期にまたがれば「長期請負工事」に入る。

そうしたことから、平成19年12月に公表された企業会計基準第15号「工事契

約に関する会計基準」では，「長期請負工事」と呼ばず，「工事契約」と呼んでいる。

〔「請負」の意味〕

新しい基準は「工事契約」と「受注制作のソフトウェア」に適用される。「工事契約」とは，仕事の完成に対して対価が支払われる請負契約のうち基本的な仕様や作業内容を顧客の指図に基づいて行うものである。

「請負」とは，「見込み生産」ではなく，他の者からの求めに応じて行う製造・生産，つまり「受注生産」だということである。注文を受けた段階で請負価額（収益額）が決まっている。ソフトウェアの制作を受注した場合でも，その請負価額が決まっていれば請負工事に含まれる。

〔工事進行基準〕

請負工事の場合は，受注の段階で，工事にかかる総原価と収益額（請負価額）がわかっているから，各期に発生した工事原価が見積もり総原価に占める比率を計算すれば，工事収益を適切に工事期間に配分できるのである。こうして収益を，工事の進行度に応じて配分する方法を，「工事進行基準」という。

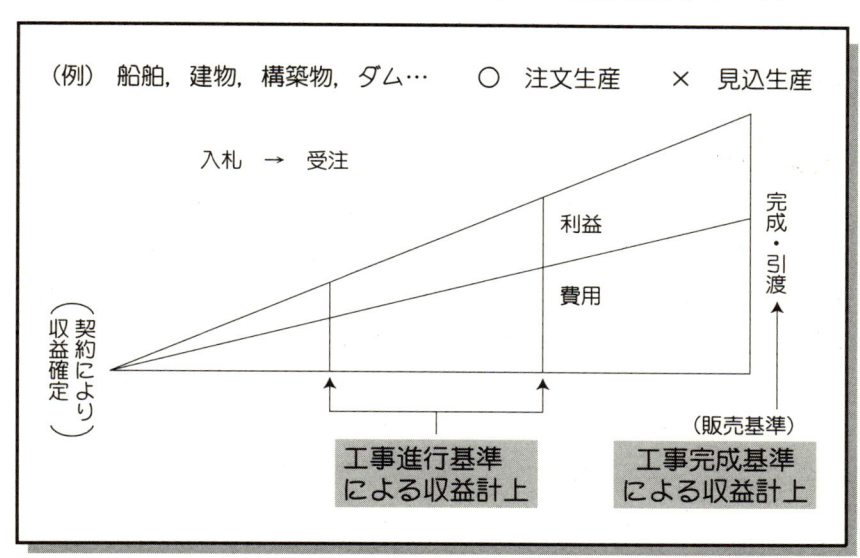

（例）船舶，建物，構築物，ダム…　○ 注文生産　× 見込生産

入札 → 受注

利益
費用

（契約により収益確定）

完成・引渡

（販売基準）

工事進行基準による収益計上　　工事完成基準による収益計上

〔工事進行基準による利益の計上〕（原価比例法）

請負金額－予想総工事原価＝予想工事利益　として，

予想工事利益 × $\dfrac{当期の発生原価}{予想総工事原価}$ － 前期までの計上利益

＝当期に計上すべき利益

　請負工事であっても，工事の途中で，その進捗部分についての成果が確実と認められない場合には，工事の完成・引渡しによって工事収益を計上する（販売基準の適用）。こうした収益計上基準を「**工事完成基準**」という。

超期間損益

　当期だけに帰属する損益ではなく，当期以前の数期間に帰属する損益をいう。例えば，**固定資産の売却損益**は，売却した期間の損益というより，これを所有していた期間全体に帰属する損益である。こうした期間を超えた損益が当期に実現した場合は，経常的に発生する損益と区別して，「**特別損益**」の区分に掲げる。

帳簿閲覧権（えつらん）

　定時株主総会の招集通知には，取締役会の承認を受けた計算書類と会計監査報告を添付しなければならない（会社法437条）。さらに，**発行済株式または議決権の100分の３以上を所有する株主**には，会社の会計帳簿またはこれに関する資料を**閲覧する権利**が与えられている（会社法433条１項）。

　これらの開示制度は，株主，債権者（例えば，その会社の社債を購入した人，銀行・保険会社などの貸付金がある者，売掛金や受取手形をもっている取引先など）を対象としたものである。会社法では，株主でも債権者でもない人たちにまでは，計算書類を閲覧する権利を与えてはいない。

　→ 会計ディスクロージャー

帳簿棚卸法
たなおろし

継続棚卸法（継続記録法）によって期末在庫を確認すること。帳簿上の在庫確認であるから，実際に在庫を実地棚卸した数量と比較すれば，盗難，目減りなどの棚卸減耗がどれくらい発生したかを知ることができる。

→ 棚卸計算法，実地棚卸

直接金融

資金を必要とする企業が，株式や社債などを発行することによって，銀行や生命保険会社などの金融機関を通さずに，資金を持っている個人などから直接に資金を調達すること。

資金を持っている人が，会社が発行する株や社債を購入することによって，直接的に企業に資金を提供すること。 → 間接金融

直接償却（法）

資産の総額（取得価額）を示したうえで，そこから償却累計額を控除した残高（純額）を表示する方法。繰延資産の償却，無形固定資産の減価償却は直接償却。 → 間接償却（法）

陳腐化
ちんぷ

技術の進歩，需要の減少，法律の改正など，外的要因によって，物理的には使用（販売）可能な資産の価値が減少すること。

〔つ〕

通貨オプション（外貨換算）

　オプションとは選択・選択権のこと。オプション取引は，決められた期間内に，一定の価格でいつでも売買できる権利がついている売買取引をいい，**通貨オプションは，こうした条件で通貨を売買する取引**。

通貨先物(さきもの)（外貨換算）

　先物とは，現物(げんぶつ)に対することばで，将来，一定の時期に受け渡す条件で売買契約を取り交わすもので，**通貨先物は，将来の一定期日において通貨の受け渡しを約定する取引**。

通貨スワップ（外貨換算）

　スワップとは交換のこと。スワップ取引は，企業間または銀行間などで，互いに異なる債権債務を交換することによって，それぞれに有利な資金調達を行うことをいい，**通貨スワップは，異なる通貨建ての債権債務を交換する取引**。

積立金(つみたてきん)

　分配可能な剰余金の一部を，定款(ていかん)や株主総会によって使い道を特定することがある（これを「積み立てる」という）。こうした手続きにより**使途が特定された剰余金を「積立金」という**。企業が自分の意思で使途を制限するものであることから，「**任意(にんい)積立金**」ともいう。例えば，**事業拡張積立金，配当平均積立金，減債積立金**など。

　これらの積立金は，法律的には分配可能な剰余金ではあるが，会社が使途を特定して，それ以外の目的には使用しないことを決めたものであるから，その使途を変更して分配するには，**株主総会等の決議が必要になる**。

使途を指定しないで積み立てたものは,「別途積立金」と呼ばれる。

→ 引当金・準備金・剰余金・積立金

積む・積み立てる

引当金や積立金・準備金を設定することや増額することを「積む」または「積み立てる」という。「積む」といっても,特に何らかの資産(例えば,現金)を用意するのではない。

〔引当金〕

引当金の場合は,当期に負担する費用を計上して,その分だけ利益を少なくすると,そうしなかった場合に比べて,何らかの資産が企業に残る(そうしなかった場合は,利益が増加して,配当や課税によって社外に流出する)。

こうして社内に何らかの資産が残ることを含意して,「積む」という。「引き当てる」ともいう。

〔積立金〕

積立金の場合は,費用を計上するのではなく,(分配可能な)剰余金を処分して一部を積立金とすることをいう。これによって,剰余金の一部に利用目的(例えば,配当平均積立金)を与え,それ以外の目的に利用ができないように拘束する。

積み立てた引当金や積立金を利用するときは,「取り崩す」または「取崩(とりくずし)」という。

(て)

低価法

低価法は，期末の時価が，買ったときの金額（原価）よりも下落した場合に，棚卸資産の評価額を時価まで切り下げ，差額を評価損として計上するものである。

つまり，商品等の時価が下落して，取得したときの原価を下回るようになったときに，時価が原価よりも下落した分を評価損として損益計算書に計上し，期末貸借対照表には商品等を時価で計上するのである。

要するに，低価法とは，原価と時価を比較して，どちらか低いほうの価額で評価する方法である。英語では，その意味を込めて「原価時価比較低価法」という。

低価法における時価

連続意見書（正式な名称は，「企業会計原則と関係諸法令との調整に関する連続意見書」）第4では，時価として，次の3つを挙げている。

3つの時価

(1) 正味実現可能価額（正味売却価額ともいう）
(2) 再調達原価（取替原価）
(3) 正味実現可能価額と再調達原価のうち，低い方

```
┌─────────────────────────────────────────────────────┐
│         低価法における時価（連続意見書第４）        │
│                                                     │
│  (1)  正味実現可能価額（正味売却価額）┐             │
│  (2)  取替原価 ─────────────────────┤─ 売価（販売市場）から見た時価 │
│      (2)の代替値として              │             │
│      ┌ (3)  正味実現可能価額－正常利益 ┘             │
│      └ (4)  最終取得原価 ──────────── 仕入値（購入市場）から見た時価 │
└─────────────────────────────────────────────────────┘
```

低価法における時価（再調達原価）

　再調達原価（取替原価ともいう）は，期末に同一の棚卸資産を仕入れ直したら（製造し直したら）いくらになるか，という仮定で計算した時価をいう。この場合，通常の仕入れ量，いつもの仕入先・仕入れ条件等で仕入れる（製造する）ことを前提とする。

　低価法において再調達原価を時価とする根拠はいくつか考えられる（次の図を参照）が，次期に正常な利益を計上することを目的として再調達原価が採用されることがある。

　連続意見書第４でも，この点を次のように指摘している。

> 「再調達原価を時価とする場合には……将来の売価が再調達原価に歩調を合せて動く場合には，実質的に将来の予想売価を基礎とするのと同様な評価切下げを可能にさせる長所があらわれる。」

　これだけでは何を言っているのか分かりにくいかも知れない。多少の説明をしておく。

　「将来の売価と再調達原価（仕入価格）が歩調を合わせて動く」というのは，図のように，売価と仕入価格がパラレルに変動することである。仕入価格が上昇すればすぐに売値（売価）を上げ，仕入値が下がればすぐに売価を下げるような，市場価格の変動に敏感な商品がこれに該当するであろう。

```
┌─────────────────────────────────────────────────────┐
│          再調達原価（取替原価）を時価とする根拠          │
│                                                     │
│  ＜計算＞・期末に同一品を仕入れ（製造し）たと仮定して算出 │
│         ・通常の仕入れ量，仕入先，仕入れ条件を前提とする  │
│                                                     │
│  ＜再調達原価を時価とする根拠＞                         │
│    ① 原価とは仕入れ市場価格を反映したもの。            │
│    ② 次期の期首に仕入れたのと同じ結果をもたらす。      │
│    ③ 再調達原価は，当該資産の残存有用（有効）原価を表す。│
│    ④ 次期に正常利益を保証する（この意味で正味売却価額マイナス│
│       正常利益が再調達原価の代替値とされる）。          │
│                                                     │
│  （図：売価・仕入価格の推移，評価損，次期期首に販売すれば  │
│   実現する正常利益の分）                               │
│                                                     │
└─────────────────────────────────────────────────────┘
```

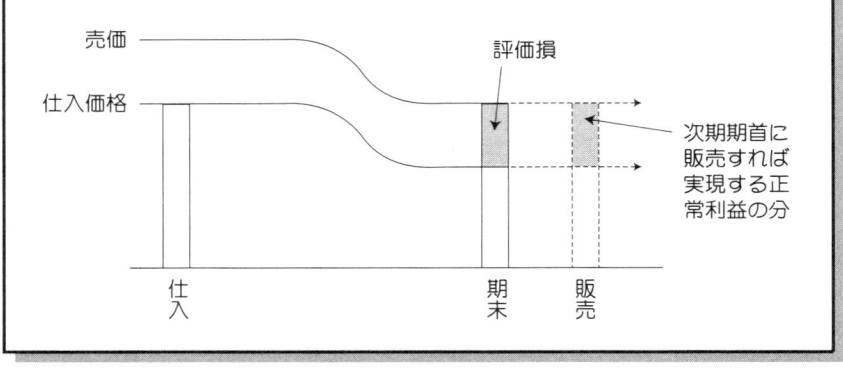

　こうしたケースでは，仕入価格（再調達原価）が下落した分を期末に評価損として切り捨てるならば，期末（つまり，次期の期首）の評価額は次期に仕入れる価格と同額となり，この仕入価格に一定の利益を加えて売価を決めるであろう。これで，次期において一定の利益（**正常利益**）を確保できるのである。

　原価と売価がパラレルに動くケースでは，「将来の予想売価を想定し，これに含まれる利益が確保できるように期末の評価額を決める」とすれば，期末の評価額は再仕入れの価格，つまり**再調達原価**となる。

　棚卸資産評価基準においても，「売価（正味売却価額）が原価（再調達原価）に歩調を合わせて（つまり，パラレルに）動く場合」には，再調達原価による期末評価を認めている。

再調達原価を時価とする場合の長所と短所

<長所>
① 購入品の場合には，時価の把握が容易
② 時価と売価がパラレルに移動するケースでは，将来の売価の予想をもとに評価損を計算するのと同じになる（連続意見書）。

<短所>
① 通常は次期に正常利益が計上しうるまで評価損が計上される。
　　＜注＞　連続意見書の観点からは，これは行き過ぎ
② 販売時の売価が再調達原価を下回るときは，次期に販売損失が出る。

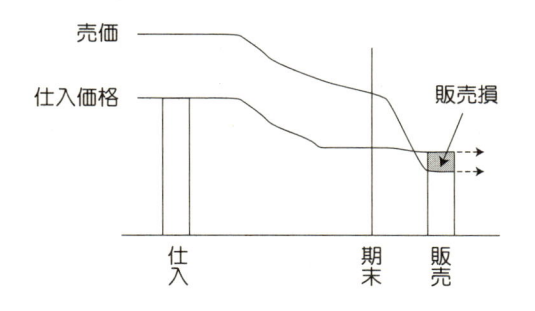

（図：売価・仕入価格の推移、仕入－期末－販売の軸、販売損を示す）

③ （逆に）仕入原価のみが下落し，売価が不変（上昇）の場合は，当期は過度の保守主義，次期は非保守的結果となる。

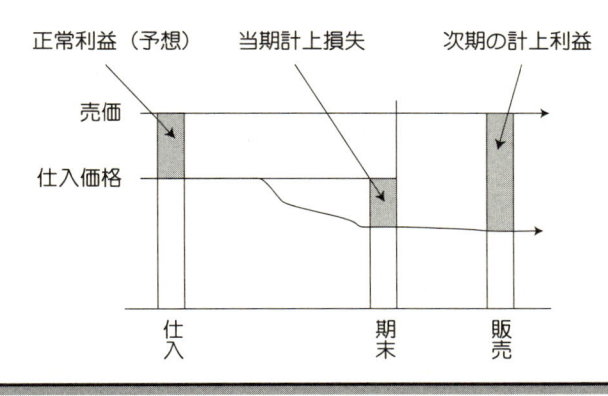

（図：正常利益（予想）、当期計上損失、次期の計上利益を示す、売価・仕入価格の推移、仕入－期末－販売の軸）

低価法における時価（正味売却価額）

連続意見書（正式な名称は「企業会計原則と関係諸法令との調整に関する連続意見書」）第4「棚卸資産の評価について」では，低価法において採用すべき時価として，この正味売却価額（正味実現可能価額）が最も適当であるとして，次のように述べている。

連続意見書第4 「棚卸資産の評価について」

「低価主義は，期間損益計算の見地からすると合理性をもたないが，しかしそれは広く各国において古くから行なわれてきた慣行的評価思考であり，現在でも実務界から広く支持されている。棚卸資産に低価基準を適用することによって，それが通常の営業過程においていくばくの資金に転化するかを示すことも，ある意味では有用である。……

　低価基準を適用する場合における時価としては，決算時の売価からアフター・コストを差し引いた価額，すなわち正味実現可能価額が適当である……。」

「正味売却価額」は，「売価」から「販売に係る手数料や販売にいたるまでの諸費用（アフターコストという）」を控除して算定する。「売却価額」とは「売価」のことであり，「正味」というときは，「売価から販売にかかる諸費用を控除した金額」を意味する。

なお，正味売却価額を時価とする低価法では，次の図で示すように，売価の動向だけを把握するもので，仕入値（仕入価格）の変動は考慮しない。

┌───┐
│ **正味売却価額を時価とする根拠**
│
│ ＜計算＞　期末の売価から，販売予想時までのアフター・コストを差引いて算出
│
│ ＜正味売却価額を時価とする根拠＞
│ ①　正味売却価額は，当該資産の債務弁済能力（資金転化可能額）を示す。
│ 　　＜注＞　連意第4は，低価法の目的をこの資金転化可能額の表示と理解
│ 　　　　　するため，低価法の時価は，正味売却価額を適当とする。
│ ②　次期に販売しても損失（販売損）を生じない。　　⇒　次期の期首に
│ ③　回収可能原価を表している。　　　　　　　　　　　 販売すればよい
│
│ 　売価
│ 　仕入価格　　　　　　　　　　　　　　評価損計上
│ 　　　　　　　　　　　　　　　　　　　　　　　　　　次期期首
│ 　　　　　　　　　　　　　　　　　　　　　　≒　　　の売価
│ 　　　　　　仕　　　　　　　　　　　期
│ 　　　　　　入　　　　　　　　　　　末
│ 　　　　　　　　（注）　仕入価格の動向は問わない
└───┘

　正味売却価額を時価とする低価法には，以下のような長所と短所が認められる。

　長所としては，自社が生産・製造した製品の場合に，**時価の把握が容易に**できるということを指摘できる。完成品であれば，販売市場があり，販売価格をかなり客観的に把握できる。

　これを逆から見ると，**販売市場のない棚卸資産**の場合は，正味売却価額を把握することが難しいということになる。例えば，**仕掛品や原材料**のようなケースである。また，製品のパーツなど**購入部品**（買入部品ともいう）などの場合

は，正味売却価額を求めることが困難である上に，こうした資産の売価自体が無意味である。

また，次期に入ってすぐに販売せずにいたところ，売価に変動があったという場合には，前期末の評価損が過大または過小となる。

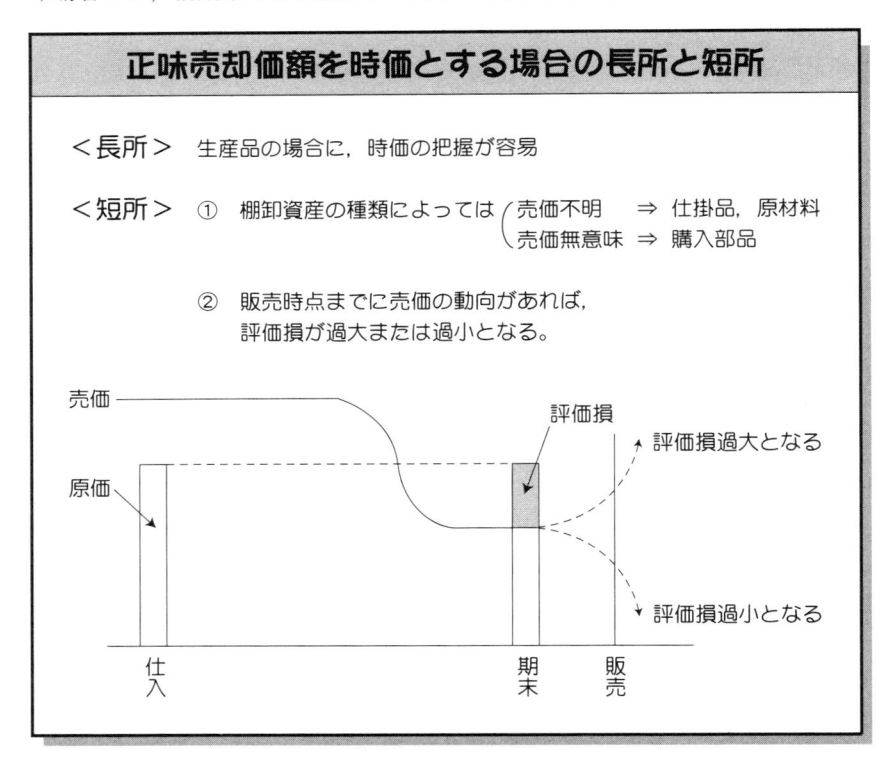

正味売却価額を時価とする場合の長所と短所

＜長所＞　生産品の場合に，時価の把握が容易

＜短所＞　①　棚卸資産の種類によっては　売価不明　⇒　仕掛品，原材料
　　　　　　　　　　　　　　　　　　　　売価無意味　⇒　購入部品

　　　　　②　販売時点までに売価の動向があれば，
　　　　　　　評価損が過大または過小となる。

売価 ─────
原価
評価損
→ 評価損過大となる
→ 評価損過小となる

仕入　　期末　販売

低価法における時価（正味売却価額マイナス正常利益）

再調達原価の代替値として「正味売却価額マイナス正常利益」を使うこともある。

例えば，期中に100円で仕入れた商品の売価が120円であったとする（正常利益は20円）。期末までにこの売価が下落して90円になったとする。

この商品を当期末に90円で低価評価すれば，次期に90円で販売しても次期には損失は計上されない。時価として「正味売却価額」を採用するのは，「次期にその商品を販売しても，次期には損失が計上されない」ようにするためである。

しかし，これでは，次期においてこの商品を販売しても，その販売努力の成果が損益計算書に表れない。そこで，前期末にこの商品を「正味売却価額マイナス正常利益」，つまり，ここでは70円（正常利益は20円）を時価として低価評価するのである。そうすれば，次期にこの商品を90円（正味売却価額）で販売しても，20円の販売益（正常利益）を確保できることになるのである。

このように，販売資産の時価として「正味売却価額」を取るのは「次期に損失を計上しないようにすること」がねらいであり，時価として「正味売却価額マイナス正常利益」を取るのは「次期における販売努力の成果を利益として計上すること」がねらいなのである。

定額法

この方法は，「固定資産の価値が，毎期，一定額ずつ減少すると仮定して償却費を計算する方法」である。600万円のトラックを10年間使用するとすれば，毎期（会計期間を1年間として）価値が減少すると見込まれる額は，次の算式によって計算される（残存価額は10％とする）。

$$各期の減価償却費 = \frac{取得原価 - 残存価額}{耐用年数}$$

$$各期の減価償却費 = \frac{600万円 - 60万円}{10年} = 54万円$$

この方法は、**機能的減価の発生が比較的少ない建物、構築物などの償却に適**しているといわれている。しかし、実務では、そうした条件がそろわない機械装置などにも適用されている。

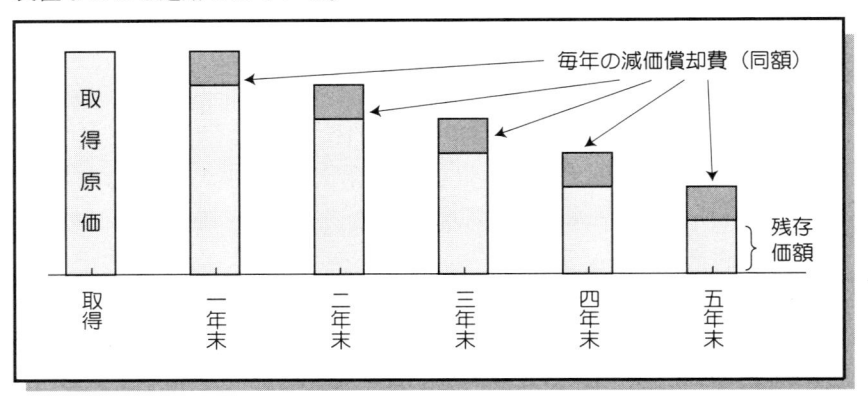

定率法

固定資産の種類によっては、使用を開始した直後に大きな価値の減少が見込まれ、使用の後期になればなるほど価値の減少が小さくなると考えられるものもある。例えば、乗用車、ホテル、レストランなどがそうである。こうした価値の減少パターンを減価償却の計算に適用した方法が**定率法**である。

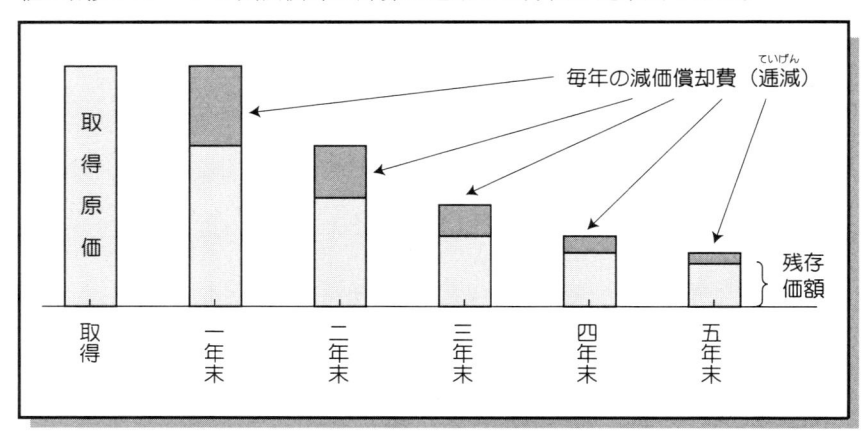

定率法では，期末の未償却残高（固定資産の取得原価から，前期までの減価償却費の累計額を差し引いた額）に一定の償却率を掛けて，その期の減価償却費を計算する。

$$償却率 = 1 - \sqrt[耐用年数]{\frac{残存価額}{取得原価}}$$

各期の償却費＝期首の帳簿残高(取得原価－減価償却累計額)×償却率

償却率は，上の算式によって求めるが，税法が耐用年数に応じた償却率を定めているので，**実務上は，税法の償却率が使われている**。次の図表は，税法の償却率の例である。

〔償却率〕

定額法は，毎期，総償却額（取得原価－残存価額）にこの償却率を掛けて償却費を計算する。

定率法は，毎期末の未償却原価（1期目は取得原価）にこの償却率を掛けて償却費を求める。

耐用年数	定額法の償却率	定率法の償却率	耐用年数	定額法の償却率	定率法の償却率
2年	0.500	0.684	8年	0.125	0.250
3	0.333	0.536	9	0.111	0.226
4	0.250	0.438	10	0.100	0.206
5	0.200	0.369	15	0.066	0.142
6	0.166	0.319	20	0.050	0.109
7	0.142	0.280	25	0.040	0.088

手付金
（てつけきん）

商品などを購入するときに，取引を確実に行うための保証として，買い主・注文主が代金の一部を先方に先払いするもの。

手付金倍返し（てつけきんばいがえし）

「手付金倍戻し」ともいう。買手から手付金を受け取ったにもかかわらず売手の事情から契約を解除する場合には，手付金を倍にして返すという商慣習。

手付流れ（てつけながれ）

買手が手付金を交付しながら契約を履行しなかった場合に，手付金を受領者（売手）に没収されること。

デリバティブ

金融派生商品とも呼ばれている。Derivative は，何かからの「派生物」という意味である。株式，債券などは本来の金融商品であるが，これらから派生した，先物取引，オプション取引，スワップ取引などをいう。

電子公告（会社法）

公告方法のうち，電磁的方法（電子情報処理組織を使用する方法その他の情報通信の技術を利用する方法）によるものをいい，不特定多数の者が公告すべき内容である情報の提供を受けることができる状態に置く措置をとる必要がある（会社法2条34号）。具体的には，**インターネットを利用した公告**である（施行規則222条）。

電磁的記録（会社法）

電子的方式，磁気的方式その他，人間の知覚によっては認識できない方式で作られる記録であって，電子計算機による情報処理の用に供されるものであって（会社法26条2項），磁気ディスクその他これに準ずる方法により一定の情報を確実に記録しておくことができる物をもって調製するファイルに情報を記録したもの（施行規則224条）をいう。**計算書類，事業報告，これらの附属明細書は，電磁的記録をもって作成することができる**（会社法435条3項）。

電磁的方法（会社法）

　電子公告を行うための方法として，電磁的方法が認められている。この方法は，インターネットに接続された自動公衆送信装置（公衆の用に供する電気通信回線に接続することにより，その記録媒体のうち自動公衆送信の用に供する部分に記録され，または当該装置に入力される情報を自動公衆送信する機能を有する装置をいう）を使用する方法である（計算規則175条）。

テンポラル法（外貨換算）

　換算する項目の属性に従って換算する相場（レート）を選択するもので，過去の取引価格で記録されているものは過去の為替相場で換算し，現在の価格で評価される項目は決算時の為替相場で換算する方法である。例えば，取得原価で記録されている固定資産とその減価償却費は，その固定資産を取得したときの為替相場で換算し，時価で評価されている有価証券は決算日の為替相場で換算する。

転リース取引

　リース物件の所有者からリースを受け，さらに同一物件を概ね同一の条件で第三者にリースする取引をいう。この場合，借手としてのリース取引も貸手としてのリース取引もファイナンス・リース取引に該当する場合には，貸手が受け取るリース料総額と借手が支払うリース料総額の差額を「手数料収入」として各期に配分し，「転リース差益」等の名称で損益計算書に計上する。

〔と〕

投下資本の回収

　資産への投資は，ふつう，貨幣形態の資産（現金）で行われる。簡単にいうと，何かの資産を買うとき，現金で支払う。資金循環の式でいうと，G（投下される貨幣）→ W（財）という変化である。

　固定資産の場合，このG → Wの変換の後，G´（回収された貨幣）への変換に長い年月がかかる。経営者は，これを「資本が寝る」といって嫌うこともある。

　G（貨幣）からW（商品，機械，建物）に変わった後，再びGの形態（G´）に戻ることを「投下資本の回収」という。より正しくいえば，投下した貨幣形態の資本を再び貨幣形態の形で回収するという意味である。　→ 営業循環

当期業績主義

　損益計算書の作成方法のひとつ。損益計算書を利用する人が，会計についてあまり多くの知識を持っていなくても企業の経営成績が判断できるようにという啓蒙的な考えを基にしたもの。損益計算書には，各期の企業活動において経常的・平常的に発生する損益項目だけを記載して，損益計算書の末尾に掲げる「当期純利益」が，その企業の平均的・経常的な収益力を示すように工夫したもの。1期間の損益計算書を見るだけで，その企業の収益力が判断できるように工夫されている。

　現在のわが国の損益計算書は，営業損益計算の部と経常損益計算の部によって当期業績主義による損益計算書を示し（ここでは，当期の業績を「経常利益」として表示），その後ろに，「純損益計算の部」を設けて当期の業績とは関係のない項目（特別損益）を記載して，最終行（ボトムライン）において「包括主義による当期純利益」を表示している。　→ 包括主義

当期純利益（損失）

損益計算書で計算表示される当期の純損益。企業会計原則によれば「純損益計算の区分」で計算される。経常損益に特別損益を加減して「税引前当期純利益」を計算し，それから法人税等を差し引いて「当期純利益」を計算表示する。損益計算書の末尾に示されることから，ボトムラインともいう。

東京合意

企業会計基準委員会（ＡＳＢＪ）と国際会計基準審議会（ＩＡＳＢ）とが，2007年8月に公表した合意をいう。内容は，「日本の会計基準と国際財務報告基準（ＩＦＲＳ）のコンバージェンス（収斂）を加速する」というもので，この合意において，日本基準とＩＦＲＳの間の重要な差異について2008年までに解消し，残りの差異については2011年6月30日までに解消することにしている。

当期未処分利益

旧商法における損益計算書と利益処分案（利益処分計算書）で示されていた「当期未処分利益（または，未処理損失）」は，会社法では，「株主資本等変動計算書」および貸借対照表において「その他利益剰余金」として表示される。

投資家・投資者

利益（配当，利息，値上がり益）を得ることを見込んで，企業に活動資金を提供する者。株主は配当を得ることを期待して株式を購入し，社債権者は利息を受け取ることを期待して社債を購入する。あるいは，株や社債の値が上がることを期待して投資する。銀行や保険会社は，利子を受け取ることを期待して資金を貸し付ける。現在の投資家（者）に対して，将来の投資家（者）を潜在的投資家（者）という。

投資家という表現は，必ずしも適切ではない。「〇〇家」という表現は，画家，書家，文芸家などのように，その仕事によって生活している人を指す。「家」は職業を示すのである。ここでいう投資家は，職業として投資をしている人で

はなく，「利益を得る目的で資金を事業に投下する人」「**出資者**」のことであるから，そういう意味では，「**投資者**」という表現が正しい。

ただし，用語としては「投資者」よりも「投資家」のほうが一般的に使われているので，そのことを承知した上で，「投資家」という表現が使われることが多い。

投資不動産

「投資の目的で所有する土地，建物その他の不動産」（財規33条）をいう。具体的にいうと，企業が営業の用に供する目的ではなく，値上がりを期待して所有する不動産や**賃貸**を目的に所有する不動産をいう。

投資不動産の場合は，減価償却の対象となり，また，**減損処理**の対象ともなる。投資不動産の減価償却累計額と減損損失累計額は，この科目の控除科目として「減価償却累計額」「減損損失累計額」の科目で掲記する（一括して表示することも可能）。控除科目とせずに，直接控除する場合には，それぞれの累計額を注記しなければならない。

動態論

動的貸借対照表論ともいう。損益計算の立場から貸借対照表（会計事象）を解釈する見解を指し，シュマーレンバッハが自説につけた名称。

貸借対照表を損益計算の手段とみる。そこでは資産の価値を評価するのではなく，その原価を期間配分することによって**期間利益**の計算を行い，未だ配分されない原価を貸借対照表に収容して，次期の損益計算に引き継ぐ。

したがって，貸借対照表の数値は，損益計算の立場から決まると考える。今日の会計は，主にこの動態論によって理論形成されているが，金融商品の評価や退職給付引当金の計算などで**静態論**（時価主義）的な傾向を強めている。

→ 静態論，新静態論

得意先
とくいさき

本来は，日常，よく買ってくれる客のこと。お得意様。ここでは，顧客，買い手のこと。得意先が多いときは，得意先ごとの帳簿（得意先元帳）を作成する。 → 仕入先

特別修繕引当金（廃止）

特別修繕引当金は，税法上の引当金であった。例えば，特定の固定資産（船舶，貯油槽など）は，船舶安全法とか消防法とかによって，その安全性等を確保するために，数年ごとに大規模な修繕（特別修繕）を義務づけられている。

税法では，こうした法に定められた特別修繕に要する費用を引当経理した場合，その引当金繰入額を損金算入することを認めていた。このときに，設定されたのが，特別修繕引当金である。

この税法上の特別修繕引当金は，平成10年度の税制改正によって廃止された。

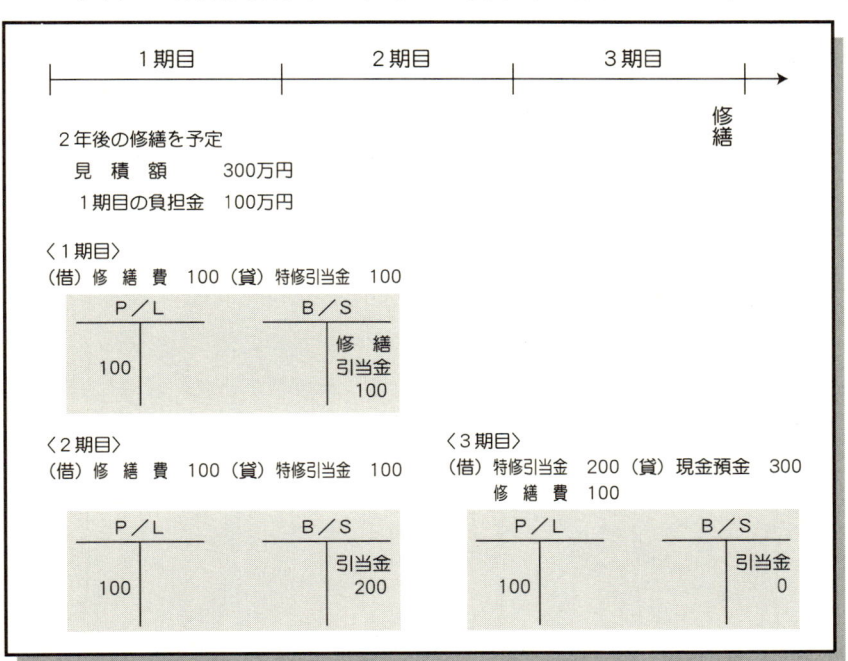

```
         1期目        2期目        3期目
   ├──────────┼──────────┼──────────→
                                          修繕

  2年後の修繕を予定
     見 積 額    300万円
     1期目の負担金  100万円

〈1期目〉
（借）修 繕 費 100 （貸）特修引当金 100

         P／L              B／S
                         修　繕
        100              引当金
                          100

〈2期目〉
（借）修 繕 費 100 （貸）特修引当金 100

         P／L              B／S

        100              引当金
                          200

〈3期目〉
（借）特修引当金 200 （貸）現金預金 300
     修 繕 費 100

         P／L              B／S

        100              引当金
                           0
```

[183]

特別法上の引当金

特別法によって,「引当金」を設定することが強制されているものがある。そうした引当金は,「準備金」という名称を使うこともある。例：渇水(かっすい)準備金。

例えば, 電気事業を営む企業は, 電気事業法に基づいて「渇水(かっすい)準備金」を設定することになっている。将来, 渇水（降雨が少なくて水がかれること）が起こって発電量が減り, その結果として営業収入の減少などが生じる場合に備えて, 豊水期や費用が減少した期に損失の一部を計上し, それを積み立てておくものである（剰余金の処分により積み立てることもできる）。

準備金という名称を使っているが, 繰入額を当期の費用として計上して積み立てるのであるから, 実質は「引当金」と同じである。ただし, 引当金を設定する条件のどれとも合わない。渇水損失の発生は不確実であるし, 金額も合理的に見積もることができない。発生原因（渇水）が当期以前にあるわけでもない。 → 利益留保性引当金

土地再評価差額金（会社法）

「土地の再評価に関する法律」に基づいて, 事業用の土地を時価評価したことによって計上した評価差額（評価損益）である。平成10年から14年までの時限立法であった。

特許権

特許法に基づく権利で, 工業所有権のひとつ。特許を受けた発明品・方法の生産・使用・譲渡等を排他的・独占的になしうる権利をいう。権利の存続期間は20年間。

トライアングル体制

　会社法（商法），金融商品取引法（証券取引法），法人税法という3つの法律の中で規定されている会計ルールが，それぞれ他の法律にも会計ルールが存在することを前提にして作られている状態をいう。言い換えると，3つの法律がそれぞれ「自己完結型」の法律として作られているのではなく，ルールの一部を他の法律に委任または依存する，いわば，「相互依存型」の法律となっていることをいう。

　最近では，金融商品取引法における会計規定が上場会社を前提として設定されたり，国際的な動向を取り入れたりしている。それを受けて会社法の会計規定も，金融商品取引法会計に全面的に合わせる方向で調整されてきたことから，トライアングル体制は崩壊したといってもよいであろう。

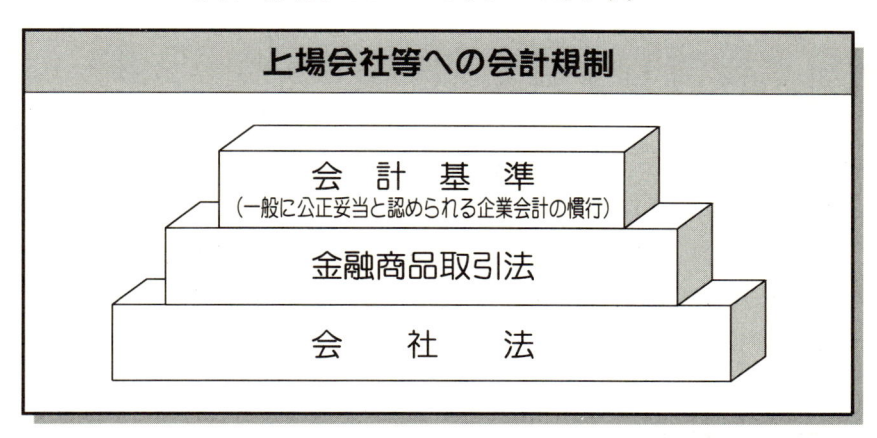

上場会社等への会計規制

- 会計基準（一般に公正妥当と認められる企業会計の慣行）
- 金融商品取引法
- 会社法

取替原価(とりかえ)

　資産を時価で評価するとき，または，低価法を適用するときの資産評価基準のひとつ。現在所有する資産を「買い直したらいくらかかるか」「作り直したらいくらでできるか」という意味の時価。「取替時価」といわずに「取替原価」というのは，「作り直したらいくらのコストがかかるか」という原価を計算するからである。再調達原価ともいう。　→　正味実現可能価額，再調達原価

取締役会設置会社

　取締役会を置く株式会社または会社法の規定により取締役会を置かなければならない会社をいう（会社法2条7号）。取締役会設置会社の場合，**計算書類，事業報告**，これらの附属明細書は**取締役会の承認**を受けなければならない（会社法436条3項）。

　また，取締役は，定時株主総会の招集の通知に際して，取締役会の承認を受けた計算書類等を提供しなければならない（会社法437条）。定款に定めを置けば，**取締役会の決議によって中間配当**（金銭による剰余金の配当）を行うことができる（会社法454条5項）。

　取締役会設置会社は，原則として，**監査役（会）**および**代表取締役**を置くか，三委員会（**指名委員会，報酬委員会，監査委員会**および**執行役**）を置かなければならない。

取締役の報酬等

　取締役の報酬，賞与その他の職務執行の対価として株式会社から受ける財産上の利益をいう。報酬額等について定款に定めがない場合は，株主総会の決議によって定める（会社法361条1項，2項）。

トレーディング目的で保有する棚卸資産

これは,「当初から加工や販売の努力を行うことなく単に**市場価格の変動により利益を得る**」(棚卸資産評価基準60項)ことを目的としていると考えられることから,期末の市場価格に基づく価額をもってバランス・シートの価額とする。

どういう資産がこうしたトレーディング目的の棚卸資産に入るのかについては,棚卸資産評価基準には明確な記述がないが,「金の取引」が例示されていることからみて,短期に売買する目的で保有する「金」「銀」はじめ,同じような目的で保有する「有価証券」「デリバティブ」なども該当するであろう。

こうしたトレーディング目的で保有するものは,「売買目的有価証券」と同じと考えられるので,金融商品会計基準を準用することになっている。

〔な〕

内部留保

　利益の一部を社内に取っておくこと。配当や役員賞与として分配すれば利益が社外に流出するが，**積立金**として社内に取っておくこともできる。これを**内部留保**という。内部留保といっても現金などを別に取っておくわけではなく，社外に資金が流出（例えば配当金の支払い）するような形の剰余金の処分ではなく，資金が流出しない（そこで**内部留保**という）形の**剰余金**の処分をいう。

　→ 積む・積み立てる

〈に〉

二取引基準（外貨換算）

外貨建取引とその取引の代金を決済する取引を、それぞれ独立した取引と考えて会計処理する基準。輸出入の時点での為替レートによって円に換算した額を取引価額（取得原価、売上高）とし、期末における為替レートによる円換算額との差額を「為替換算差損益」として、さらに、決済時における決済額との差額を「為替決済損益」として計上する。　→　一取引基準

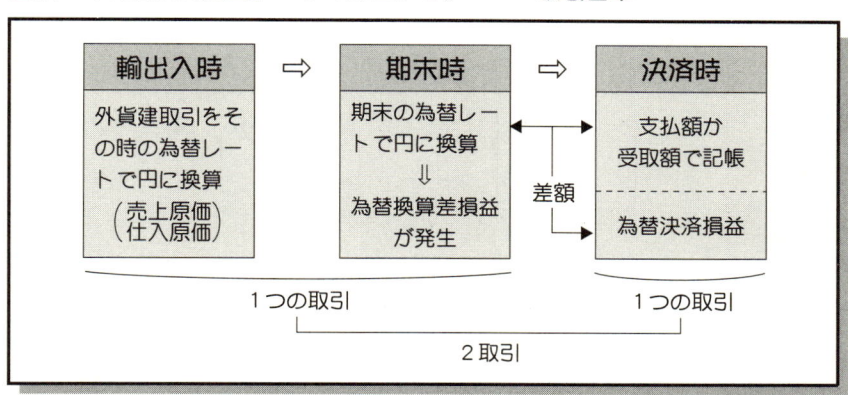

```
┌─────────────────────────────────────────────────────────────┐
│  ┌──────────┐   ┌──────────┐   ┌──────────┐  │
│  │  輸出入時  │ ⇒ │   期末時   │ ⇒ │   決済時   │  │
│  ├──────────┤   ├──────────┤   ├──────────┤  │
│  │外貨建取引をそ│   │期末の為替レー│   │支払額か   │  │
│  │の時の為替レー│   │トで円に換算 │   │受取額で記帳 │  │
│  │トで円に換算 │   │     ⇓     │←差額→├──────────┤  │
│  │（売上原価  │   │為替換算差損益│   │為替決済損益 │  │
│  │ 仕入原価） │   │が発生    │   │       │  │
│  └──────────┘   └──────────┘   └──────────┘  │
│     └─── 1つの取引 ───┘   └─── 1つの取引 ───┘       │
│           └─────── 2取引 ───────┘                  │
└─────────────────────────────────────────────────────────────┘
```

任意積立金の積み立て

旧商法では、利益処分によって未処分利益の一部を、特定の目的に使用するために任意積立金として拘束した（目的を定めない場合は「別途積立金」と呼ばれる）。

会社法では、その他利益剰余金の一部を、特定の目的に使用するため、または目的を定めずに、異なる内訳のものとして留保するために、株主総会の決議によって、その他利益剰余金の内訳を変更することをいう。剰余金の処分のひとつ（会社法452条）。

認識・測定・計上

認　識	収益・費用につき，いつの期間のものとするかを決めること。期間帰属の決定。認識しても，測定（金額決定）できないものは，その期に計上せず，測定できるようになってから（通常は，対価が確定する時点で）帳簿に記載する。**資産・負債**についていうこともある。
測　定	資産・負債・収益・費用につき，金額を決定すること。測定（金額決定）できても**認識**（期間帰属の決定）ができない項目は，認識ができるようになってから帳簿に記載する（これを**計上**という）。 　例えば，当社の銀行口座に，取引先からの送金があったが，送金の内容が不明であるような場合（**仮受金**），委託販売の売買代金を受け取ったが，当期の売上に計上するべきものか次期の売上に計上するべきものかが不明な場合，など。 　逆に，認識（期間帰属の決定）ができても測定できない場合には，測定（金額決定）ができるようになってから帳簿に記載する。 　製造業における収益を例に取ると，製造工程の進行とともに収益が発生していると考えられるが，しかし，発生したと考えられる収益の金額を客観的に測定することは困難な場合が多い。そこで，発生した収益の額が客観的に測定することができる条件（例えば，販売）がそろうまで帳簿には記載しない。
計　上	ある資産・負債・収益・費用項目を貸借対照表または損益計算書に記載することをいう。**認識**（記載する期間の決定）と**測定**（金額決定）の両方を含めた**意味**で使う。

〔ね〕

年金資産

　企業年金制度を採用している企業の場合，退職給付の支払いに充てるために，企業外部に資産を積み立てて，運用を委託することがある。こうして積み立てられた年金資産は，退職給付の支払い以外の目的には使用できないことになっている。

　こうした使用が限定されている資産を，一般の営業資産や投資資産と同列にして貸借対照表に記載すると，財務諸表の利用者に誤解を与えかねない。そこで，退職給付会計基準では，年金資産の額を公正な評価額により測定し，退職給付債務の額から差し引くことにしている。

年買法
<small>ねんばい</small>

　超過収益力を享受できると期待される年数を元にのれんを推計する方法である。何年後まで超過利益を受け取ることができるかを推計して，その年数分の超過利益をのれんの価値とする。

> のれんの価値＝超過利益額×享受できると期待される年数

　→ 収益還元法，株価算定法

〔の〕

のれん

　会社法では，「のれん」と表記し，旧商法では「**営業権**」と表記していた。「**暖簾**」とも書く。企業が，同業他社の**平均的収益力**を上回る利益を恒常的に獲得する能力がある場合，その**超過収益力**をもたらす一般的原因をいう。

　営業権には，**自己創設のれん**（自社の経営努力によって獲得したもの）と**買い入れのれん**（他社の超過収益力を有償で取得したもの）がある。一般に，前者はバランスシートには掲げられず，後者はバランスシートに「のれん」として掲げられる。

のれん等調整額

　資産の部に計上したのれん（正ののれん）の２分の１の額と，繰延資産に計上した額との合計額をいう（会社計算規則186）。この調整額は，譲渡価値や換金価値がないことから，会社法上，資産としての性格（資産性）が否認されている。これらを資産として計上しても，配当の原資とすることを認めないのである。

　ただし，この調整額の大きさによって分配可能額からの控除の仕方が異なる。**基本的な考え方**は，のれん等調整額という「**資産性が認められない部分**」が，「**配当原資にできない資本金・準備金**（合わせて「**資本等金額**」という）**によってカバーされているかどうか**」により，カバーされている場合は配当可能額から控除せず，カバーしきれていない部分は控除する，というものである。

のれん等調整額の控除方法

　基本的な考え方は，のれん等調整額という「資産性が認められない部分」が，「配当原資にできない**資本金・準備金（合わせて，資本等金額という）**」によってカバーされているかどうかにより，カバーしきれている場合は配当可能額からの減額（控除）はしない，カバーしきれていない部分は控除する，というものである。

① 　のれん等調整額＜資本金・準備金（資本等金額）の場合

　資産として計上される繰延資産やのれんが，それほど巨額にならない場合である。この場合は，のれん等調整額を資産計上することによって生じうる損失等は，資本等金額によってカバーされていると考えられるので，分配可能額を算定するときに控除することはしない。

```
┌─────────────────────────────────────────────┐
│  のれん等調整額      資本等金額              │
│   のれんの2分の1      資本金                 │
│   繰延資産            準備金                 │
│                                             │
│         この場合は何も控除しない              │
└─────────────────────────────────────────────┘
```

　調整額が，資本等金額を超える場合は，以下のように，調整額の大きさによって控除額を決める。

② のれん等調整額＜（資本等金額＋その他資本剰余金）の場合

　同じく，のれんや繰延資産がそれほど巨額にならない場合である。のれん等調整額が資本等金額でカバーしきれていない部分があるので，「のれん等調整額－資本等金額」を分配可能額から控除する。

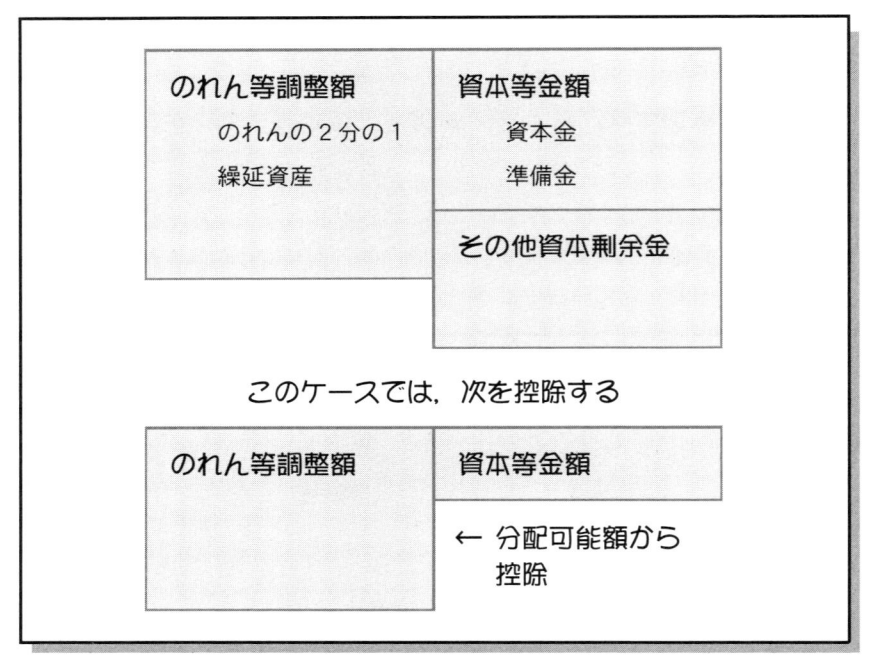

```
┌─────────────────────────────────────────┐
│  ┌─────────────┬─────────────┐          │
│  │ のれん等調整額 │  資本等金額   │          │
│  │ のれんの2分の1│  資本金     │          │
│  │ 繰延資産    │  準備金     │          │
│  │           ├─────────────┤          │
│  │           │ その他資本剰余金 │          │
│  └─────────────┴─────────────┘          │
│                                         │
│      このケースでは，次を控除する            │
│                                         │
│  ┌─────────────┬─────────────┐          │
│  │ のれん等調整額 │  資本等金額   │          │
│  └─────────────┴─────────────┘          │
│                  ← 分配可能額から         │
│                    控除                 │
└─────────────────────────────────────────┘
```

　ただし，この調整額が「資本等金額とその他資本剰余金の合計額」を超える場合は，次による。

③ のれん等調整額＞（資本等金額＋その他資本剰余金）（A）

　のれん等調整額が巨額に上る場合は，「のれん」の大きさにより，2つに分れる。「のれんの2分の1の額」が，「資本等金額とその他資本剰余金の合計額」を下回る場合（A）と，これを上回る場合（B）である。

　（A）のケースでは，のれん等調整額が資本等金額でカバーしきれていない部分，つまり，「のれん等調整額－資本等金額」を分配可能額から控除する。

```
┌─────────────────────────────────────────────┐
│   ┌──────────────┬──────────────┐           │
│   │ のれんの2分の1 │  資本等金額   │           │
│   │              ├──────────────┤           │
│   │              │ その他資本剰余金│           │
│   │  繰延資産     │              │           │
│   └──────────────┴──────────────┘           │
│                                             │
│        このケースでは，次を控除する           │
│        上記の(2)と同じである                  │
│                                             │
│   ┌──────────────┬──────────────┐           │
│   │ のれん等調整額 │  資本等金額   │           │
│   └──────────────┴──────────────┘           │
│                    ← 分配可能額から         │
│                       控除                   │
└─────────────────────────────────────────────┘
```

④ のれん等調整額＞（資本等金額＋その他資本剰余金）（Ｂ）

「のれんの２分の１の額」が，「資本等金額とその他資本剰余金の合計額」を上回る場合には，のれんの２分の１の金額はその他資本剰余金を上限として控除し，繰延資産はその全額を控除する。

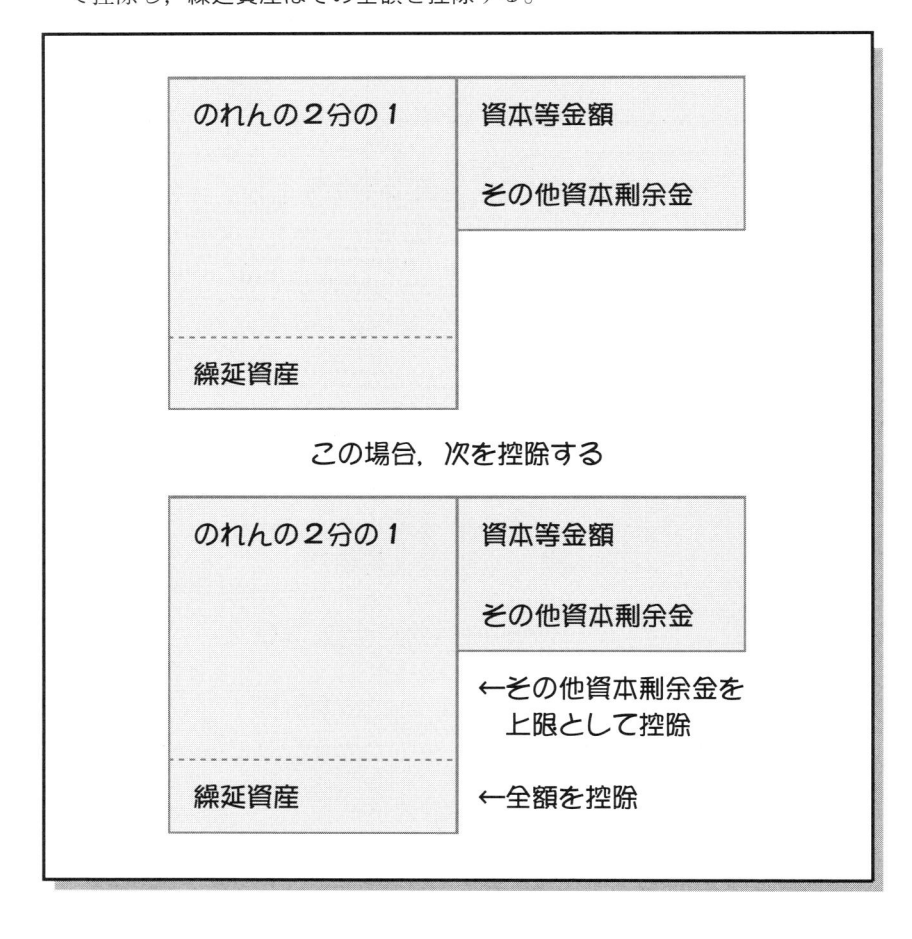

のれんの２分の１	資本等金額
	その他資本剰余金
繰延資産	

この場合，次を控除する

のれんの２分の１	資本等金額
	その他資本剰余金
	←その他資本剰余金を上限として控除
繰延資産	←全額を控除

〈は〉

売価還元原価法・売価還元低価法

　売価還元法には，原価法と低価法がある。次に示す「売価還元法」の原価率は，売価還元原価法の原価率である。この算式の分母にある「値下額」と「値下取消額」を除外すると，売価還元低価法における原価率になる。

$$\text{売価還元低価法における原価率} = \frac{\text{期首繰越商品原価} + \text{当期受入原価総額}}{\text{期首繰越商品小売価額} + \text{当期受入原価総額} + \text{原始値入額} + \text{値上額} - \text{値上取消額}}$$

　2つの原価率の違いを考えてみよう。いったん売価を決めておいて，その後に値下げするのは，多くの場合，仕入れ値（取替原価）が下がったか，あるいは，予定した売価（正味実現可能価額）では売れなくなったからである。

　→ 金額法

売価還元法

　売価還元法は，取り扱い品目がきわめて多い小売業や卸売業において使われる方法で，①数量の記録をつけず，②値入率（あるいは利益率）が近似する商品を集めてグルーピングし，③グループごとに，期末棚卸品の売価合計から取得原価を推計する，という特徴がある。

　実際の計算では，次の算式で「原価率」（売価の中に含まれる原価の割合）を計算し，売価合計にこの原価率を掛けて期末の棚卸資産評価額とする。

$$\text{原価率} = \frac{\text{期首繰越商品原価} + \text{当期受入原価総額}}{\text{期首繰越商品小売価額} + \text{当期受入原価総額} + \text{原始値入額} + \text{値上額} - \text{値上取消額} - \text{値下額} + \text{値下取消額}}$$

期末棚卸資産の評価額（原価）＝売価の合計×原価率

算式からもわかるように，売価還元法では，棚卸資産の数量記録を使わない。すべて金額データで計算することから，金額法と呼ばれる。

原価率の分子を見ていただきたい。分子は，「期首有り高の原価」と「当期受入品の原価」の合計額である。分母は，これらの品目に対してつけられた売価を求めている。いったん，原価に利益相当分を上乗せ（値入れという）して，その後の値上げや値下げを加減して売価を計算している。

分母と分子は，要するに，次のようになる。

$$\frac{期中にあった品目が全部売れたとした場合の売上原価}{期中にあった品目が全部売れたとした場合の売上高}$$

期末商品グループの売価合計
（在庫が全部売れたらいくらの収益になるか）

− **値入額**（仕入原価に加算した利益の額）

＝ **期末商品の帳簿価額**

計算の手順（考え方）
① 値入率30％の商品グループの売価を合計
　〔仕入原価に30％の利益を上乗せして売価とする〕
② 売価の合計から仕入値を逆算
　　売価合計÷1.3＝仕入原価の合計
③ 仕入原価の合計を期末商品帳簿価額とする

→ 金額法

売買目的有価証券

時価の変動により利益を得ることを目的として保有する有価証券をいう（計算規則2条3項27号）。旧商法施行規則では，この評価差額を配当可能利益から控除（つまり，商法上の利益として否認）していたが，会社法では分配可能額に含めている。

破産更生債権等

既に経営破綻しているか実質的に経営破綻している債務者に対する債権をいう。 → 一般債権，貸倒懸念債権

発生主義会計

収益・利益は，理想的には，発生するたびに，発生した額だけ，収益・利益として帳簿に記載したいところであるが，その収益・利益を客観的に測定できないために，会計では，やむを得ず，収益・利益の額を客観的に測定することができる時点まで待って，計上する。こうした処理を，「実現主義」という。

また，収益・利益を，その発生した時点で客観的に測定できる場合もある。例えば，金を採掘している企業があったとしよう。金は確実に売れる市場と市場価格があるので，採掘と同時に収益・利益を確認することができる。そうした場合には，発生時に収益・利益を計上することが行われるが，これを「発生主義」という。

今日の会計は，発生主義の考え方を基調としている。収益も費用も，その発生という事実に即して，すなわち，収益・費用が発生した期間に，発生した金額だけ計上しようという考え方を基本とするのである。であるから，収益・費用の発生額を客観的に測定できる場合には，その発生した期間の損益として計上する。発生したことは認識できても，金額を客観的に確定できないものは「未実現（未だ，確実なものとなっていない利益）」なものととして，実現するのを待って計上する。こうした考え方をする会計思考を，「発生主義会計」と呼んでいる。 → 実現主義の原則，期間損益計算

発生主義の原則

　費用は，基本的には，その収益を獲得するために使ったコストを集めて計上する。売上高と売上原価のように，収益（成果）と費用（犠牲）の関係を数量的にも観念的にも確認できるものもある。売上高と金融費用のように，単に，期間的にしか対応を考えられないものもある。

〔プロダクト的対応とピリオド的対応〕

　前者は，個別対応（またはプロダクト的対応）と呼ばれ，後者は，期間対応（またはピリオド的対応）と呼ばれている。どちらも，当期という「期間」を媒介して収益と費用を決めるのである。しかし，前者は，**収益（売上高）と費用（売上原価）の直接的対応関係**を重視している。後者は，そうした個別的な対応ができないことから，「発生した期間」の費用とするのである。

〔発生主義の基本的考え方〕

　発生主義会計の基本的な考え方は，収益と費用を「その発生という事実に即して」，つまり，収益であれば，「製造工程や仕入れ・販売の進捗に応じて」，費用であれば，「財・用役の費消という事実に即して」認識すべしというものであった。

　「財・用役の費消という事実に即して」費用を認識する考え方を「発生主義」，こうした考え方によって会計処理すべしという原則を「発生主義の原則」または単に「発生原則」と呼んでいる。　→ **実現主義の原則**

発送基準

　→ 出荷基準

販売基準

　営業資金は貨幣（G）からスタートして，商品・製品（W）に変化し，それが再び貨幣（G′）に戻るという循環をする（これを**営業循環**という）。収益を販売時点で認識するのは，こうした**資金循環が販売によって終了する**からである。

営業循環（資金循環）が終了すると，手元には貨幣形態の資産（G）が残り，これを商品の仕入れや製品の製造に再投資して次の営業循環が始まる。

形式は販売と似ていても，代金を有価証券で受け取ったり，取引先の商品で受け取ったりしても，資金循環は終了しないから，販売とはみなされない。

〔販売の条件〕

収益を認識する基準としての「販売」は，次の2つの条件を満たすことをいう。

「販売」の条件

① 商製品やサービスを提供すること
② 代金を貨幣性資産で受け取ること

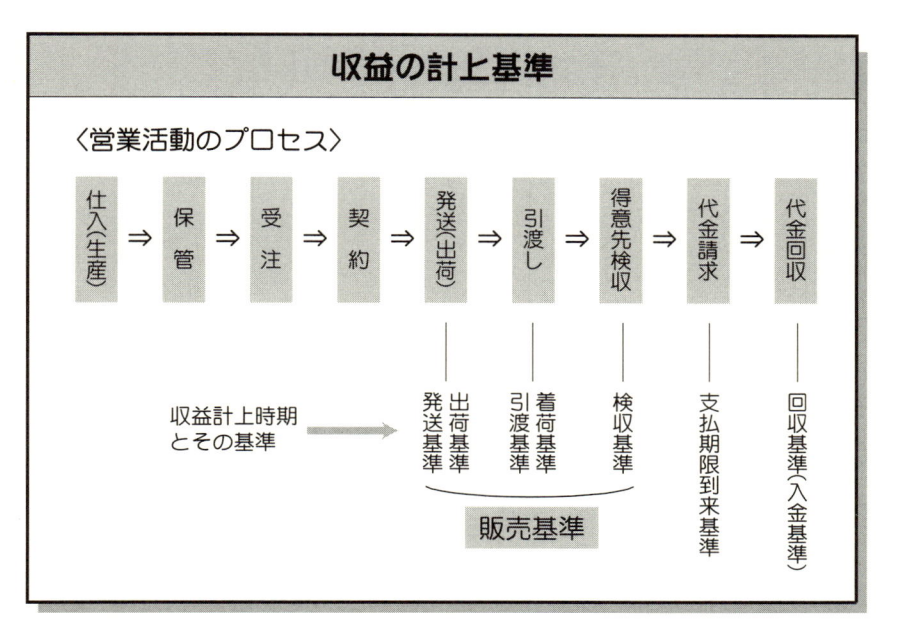

収益の計上基準

〈営業活動のプロセス〉

仕入(生産) ⇒ 保管 ⇒ 受注 ⇒ 契約 ⇒ 発送(出荷) ⇒ 引渡し ⇒ 得意先検収 ⇒ 代金請求 ⇒ 代金回収

収益計上時期とその基準：
- 発送(出荷)：発送基準・出荷基準
- 引渡し：引渡基準
- 得意先検収：着荷基準・検収基準
- 代金請求：支払期限到来基準
- 代金回収：回収基準（入金基準）

発送基準・出荷基準・引渡基準・着荷基準・検収基準 → 販売基準

→ 着荷基準，引渡基準，検収基準，出荷基準

販売・売却・売買・処分

　会計では，商品・製品を売ることを「販売」といい，それ以外の物品（土地など）を売ることを「売却」という。「売買」は，商品を売るときも土地などを売るときも使う。不要品などを売るときは「処分」ということもある。固定資産売却損益，商品売買益，商品販売益，手形売却損など。旧商法においては，稼得した利益を配当や役員賞与などに分配することを「利益処分」と呼んでいたが，会社法では，「剰余金の処分」という概念を使っている。

〔ひ〕

非貨幣性資産

　貨幣性資産以外の資産，すなわち投下資本がまだ回収されていない，W（財）の状態にある資産を指す。例えば，原材料，半製品，建物，備品などである。

　貨幣性と非貨幣性の分類では，有価証券は非貨幣性に分類される。有価証券は，一般に支払手段としては使えないし，価値が不安定なので，毎期の評価が必要だからである。　→ 貨幣性資産

引当金・準備金・剰余金・積立金

　会計では，引当金，準備金，剰余金，積立金など，似たような用語が多く使われている。

〔引当金〕

　「将来における費用・損失であるが，その発生が当期以前の事象に起因する」場合に，「当期の負担に属する費用・損失」を損益計算書に計上するときの貸方項目である。したがって，引当金を積む（引当金を設定することを「積む」という）には，当期に費用を計上しなければならない。

　仕訳を示すと，

（借方）〇〇引当金繰入　　100	（貸方）〇〇引当金　　　　100
（P／Lの費用項目）	（B／Sの負債項目）

〔準備金〕

　法定の準備金（法定準備金）と任意に積む準備金（任意準備金）がある。準備金は，積立金と同じ意味で使われることもある。

　ただし，今日では，準備金という名称は，会社法などの法律上の用語として，「資本準備金」「利益準備金」などに使われている。

〔積立金〕

　剰余金の処分（旧商法では利益処分）により社内に留保された利益をいう。例えば、**事業拡張積立金、配当平均積立金、減債積立金**など。引当金のように、損益計算において、費用を計上することによって内部留保されるものではない。

〔利益留保性引当金〕

　本来は、剰余金（利益）の処分によって積み立てる（準備する）ものであるが、法律などの規定により、**引当金と同様に、費用を計上して積み立てるもの**をいう。引き当て計上した額だけ、費用が大きく計上され、利益が小さく報告される。利益が過小に報告された分だけ社内に何らかの資産が留保されることから、「利益留保性」という名称が付く。

　これらの積立金は、法律的には分配可能な剰余金であるが、会社が使途を特定して、それ以外の目的には使用しないことを決めたものであるから、その使途を変更して分配するには、**株主総会等の決議**が必要になる。

〔別途積立金〕

　なお、わが国では、分配可能な剰余金の一部を、株主総会等において、**使途を特定しないで積立金を設定する**ことがある。こうして積み立てられたものを、「別途積立金」と呼んでいる。英語では、general reserve、一般目的積立金という。

引当金の設定条件

　企業会計原則では、引当金一般（評価性引当金も負債性引当金も含めて）について、設定する基準として、次の4つを挙げている。

引当金の設定条件
① 　将来の特定の費用または損失であること
② 　その発生が当期以前の事象に起因していること
③ 　発生の可能性が高いこと
④ 　その金額を合理的に見積もることができること

引き当てる

「積む」「積み立てる」と同じ意味であるが，特に「引当金」についていうことば。「次期の貸倒に備えて引き当てる」のように使う。

→ 積む・積み立てる

引渡基準
（ひきわたし）

販売基準と同じ。わたし達が店で買い物をするときは，代金と引き替えに商品を受け取る。こうした対面販売であれば，「引渡し」という事実は単純なのであるが，多くの商取引では，売り手が買い手に直接に商品や製品を手渡すような場面はない。

通常の取引では，顧客（得意先という）から注文を受けて，倉庫から商品を運び出し，梱包し，運送会社に運送を委託し，やがて買い手に届く。売り手の手を離れてから，買い手の手に渡るまでに，手数と時間がかかるのである。ときには，商品違いとか傷があるなどの理由で，返品されてくることもある。この場合は，「引渡し」が取り消される。

そこで，いつの時点をもって「引渡し」と考えるかを決めておく必要がある。会計では，「引渡し」に関する具体的な基準として，商品や販売形態の特性に応じて，検収基準，出荷基準などのいくつかの基準を用意している。

→ 販売基準

1株当たり純資産額

株価が企業の資産状況から見て適正な水準にあるかどうかを判断する指標のひとつ。

$$1株当たり純資産額＝\frac{純資産額}{発行済み株式数}（金額）$$

これは，1株当たりで見た，株価の下限（理論値）を示すといわれている。企業が解散するとすれば，1株についていくらの分配を受けることができるかを示す指標である。したがって，株価がこの「1株当たり純資産額」を下回るようになったら，株主は，所有する株を市場で売却せずに，会社を解散して，所有資産を売却して得た資金を分配したほうが得だということになる。

　会社法では，基準純資産額を基準株式数（一般に，発行済株式から自己株式を差し引いた数）で除して得た数に，この純資産額を算定すべき株式の株式係数（一般には，1）を乗じて得た額をいう（会社法141条2項，施行規則25条）とされる。

1株当たり純利益
→ EPS

備忘価額（備忘勘定）

　通常の減価償却を行うと，まだ使用できるにもかかわらず帳簿価額がゼロになることがある。こうした場合に，この資産を簿外資産（帳簿から除外）とせずに，1円とか10円といった名目額（これを備忘価額という）で記録しておくことで，資産を帳簿上で管理することができる。こうした資産管理の目的で，名目的な金額で帳簿に記録するとき，その価額（金額）を備忘価額といい，そうした目的で記録が行われる勘定を備忘勘定という。

　税法が改正されて，多くの固定資産はこれまでは減価償却の残存価額が取得原価の10％であったのが，残存価額がゼロとなった。残存価額をゼロとして償却すると，耐用年数を過ぎても（償却は終わっている）使用中の固定資産が帳簿上に記録されないことになる。そこで，耐用年数が経過（償却が済んでいる）した固定資産であっても，帳簿上の管理ができるように，1円といった名目額で記録するのである。

評価・換算差額等

　資産，負債，株主資本以外のものであっても，純資産の部の項目として計上することが適当であると認められるもの。具体的には，①資産・負債を時価評価した場合の，評価差額（その他有価証券評価差額），②繰延ヘッジ損益，③土地再評価法による再評価差額金（計算規則85条）。旧商法と同様，①と③は未実現利益であることから，分配可能額の計算上は減額する（計算規則186条2号，3号）。②は，分配可能額の計算では考慮しない。

評価・換算差額等の取り扱い

　剰余金の分配可能額を計算する上では，「その他有価証券評価差額のうち評価差損」と，「土地評価差額金のうち評価差損」を，分配可能額の計算上，減額する（計算規則186条2号，3号）。

　いずれも，会計上，未実現の損失（損失となるかどうか，損失の金額などが不確かな項目）である。経済状況等によっては見込みの損失が取り消されることもある。つまり，いったん，保有する資産の時価が原価よりも下落して含み損が発生したとしても，その後，時価が回復して含み損が解消されたり，さらには，時価の上昇が原価を超える場合には，含み益が発生することもある。

　上とは逆に，その他有価証券に評価差益が生じたり，土地評価差額金のうちに評価差益が生じることもある。いずれも，未実現の利益である。

〔会社法での扱い〕

　会社法では，剰余金の分配可能額を算定する場合，こうした未実現の利益は分配可能額に算入せず，未実現の損失は分配可能額から控除することにしている。会計のことばでいうと，保守主義の原則が適用されているのである。

項　　目	性　　格	取り扱い
その他有価証券評価差益 土地再評価差益	未実現利益	剰余金分配可能額に不算入
その他有価証券評価差損 土地再評価差損	未実現損失	剰余金分配可能額から控除

評価性引当金

ある資産の項目（例えば，受取手形）を名目額で計上している場合に，その金額を実質的な金額（貸倒予想額を差し引いた金額）に修正するために設定される引当金（貸倒引当金）。評価性引当金は，ある資産が将来において価値が減少したり損失が生じたりする場合に，その価値減少・損失の発生原因が当期にあるときに設定される。設定された引当金は，通常，貸借対照表上，特定の資産から控除する形で表示される。

具体的には，貸倒引当金である。現在の会計では，他には評価性引当金はない。この引当金も，特定の資産を評価するためのものではない。

費用配分の原則

原価配分の原則ともいう。資産を取得するための原価は，収益費用対応の原則から，その資産を利用する期間に配分する。これを原価配分，または，費用配分という。厳密には，原価を期間に配分するのであるから，「原価配分」というのが正しい。期間に配分された「原価」が収益と対応されて，「費用」となる。 → 原価配分

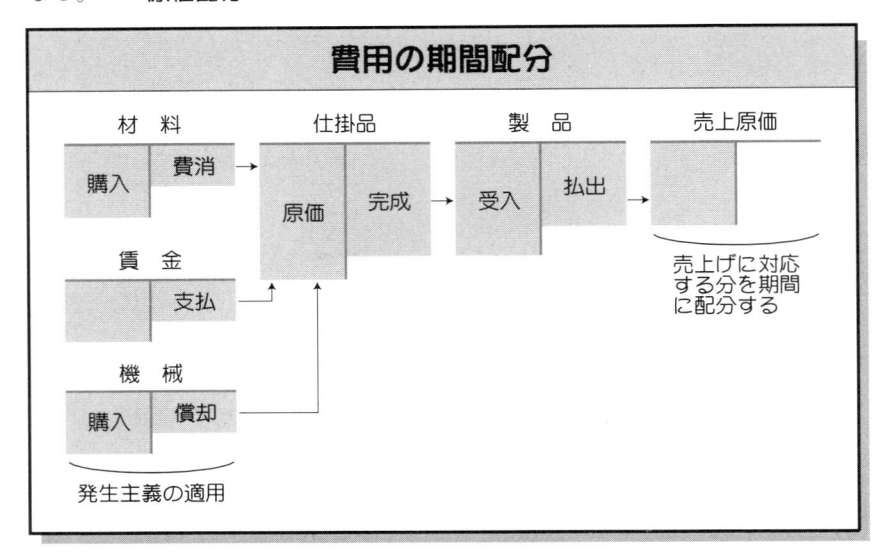

費用の期間配分

材料：購入 → 費消 → 仕掛品（原価・完成） → 製品（受入・払出） → 売上原価
賃金：支払 →
機械：購入 → 償却 →
（発生主義の適用）
売上げに対応する分を期間に配分する

表面税率

　法人税，都道府県民税，市町村民税，事業税（利益に関連する金額を課税標準とするもの）の4つの税金の税率を単純に合計した税率をいう。そのうち，事業税は損金に算入されるので，実際に企業が負担する税率（法定実効税率）は，表面税率よりも小さい。　→　法定実効税率

品質低下品・陳腐化品

　品質低下品（損傷品ともいう）は，いわゆる傷が付いたり傷んだりして商品価値が下がったもので，陳腐化品は，流行遅れや店晒しによって商品価値が下がったものである。前者は物理的な劣化品，後者は経済的な劣化品である。

　棚卸資産評価基準では，品質低下も陳腐化も，時価の低下による損失（低価評価損）と同様に，「収益性の低下」として捉える。

〈ふ〉

ファイナンス・リース取引

①リース期間の中途において契約を解除することができないリース取引（これに準じる取引）で，②借手がリース物件からもたらされる経済的利益を実質的に享受することができ，かつ，③このリース物件の使用に伴って生じるコストを実質的に負担することとなるリース取引をいう（リース会計基準）。

複式簿記

経済主体（企業）の，財産・資本とその変化を，貸借記入の原則を使って継続的に記録し，損益の計算と財産の計算を同時に行う簿記システムをいう。
→ 単式簿記

含み益

「含み資産」とも呼ばれ，資産を取得してから現在までに値が上がっているときの「貸借対照表に現れない価値」をいう。この資産を売却すれば，この含み益も実現するが，確実にその金額で売れるという保証はない。通常は未実現の利益だということから損益計算書には計上しない。ただ，最近になって，金融商品の含み益については一部を利益として計上するようになってきている。

含み資産

資産の現在価値（市場価格）が取得原価を上回るとき，その上回る部分を「含み」または「含み資産」という。会計上，未実現の利益とされるが，売買目的で所有する有価証券の含み益については，実現可能という判断基準を適用して，当期の損益計算書に計上される。

含み損

　資産の時価が下落して，その資産を取得したときの原価よりも低くなったとき，この資産を売却しても取得原価を回収することができない。原価主義を採用していると，こうしたときにも貸借対照表には原価で記載する。こうした**潜在的な損失**を「含み損」と呼んでいる。

　含み損や含み益は，企業が資産を売却すれば実現するので，いつでも都合のいいときに損益計算書に計上できるということから，**利益操作の道具**として使われてきた。動態論をベースとする原価主義は，含み益あり，含み損ありで，利益操作の宝庫と見られてきたのである。

　こうした利益操作を排除するために，有価証券などの市場性のある資産については，時価で貸借対照表に掲記するのがよいとされたのである。これを**時価主義**という。

不在株主(ふざい)

　経営に直接タッチしない株主。現代のように企業規模が拡大し，投資家が地理的に拡散すると，ほとんどの株主が経営に関与しない「不在株主」になる。

　株式会社の場合，一般の投資大衆から小口(こぐち)の資金を集めて大口(おおぐち)の資本とし，大規模な事業を展開することができる。そうした会社の場合には，**経営に直接関与しない出資者**（これを**不在株主**という）がたくさんいる。彼らは，自分が出資した資金がどのように運用され，どれだけの運用成果があがり，その結果，どれだけの配当を受けられるかを知る権利がある。そのために行われる会社情報の開示が，ディスクロージャーと呼ばれる。　→ **会計ディスクロージャー**

[211]

負債性引当金

貸借対照表の負債の部に掲げられる引当金。法的な債務であるかどうかを問わない。

現在の企業会計原則では，**評価性引当金**と**負債性引当金**という区別はしていない。貸倒引当金以外の，すべての引当金は，負債性引当金というグループに分類される。設定される引当金が，貸借対照表の負債の部に掲記されることから，「負債性引当金」と呼ばれている。

負債性引当金は，債務性を問わず，損益法に基づく期間損益計算を適正に行うという**目的**から，当期に負担する費用を計上し，その貸方科目として負債の部に掲記されるものである。会計的には，貸方項目であることを主張できても，それらを「負債」だと主張するのはいいすぎかも知れない。

会計では，「負債が発生したから負債性引当金を設定する」というのではない。あくまでも，**適正な期間損益計算**を行うために，当期に属する費用を計上したときの貸方科目である。それらの項目が，他の負債項目（買掛金，借入金，未払費用など）と同質なものであるかどうかといったことを無視して負債の部に掲記させるために，「負債性」という名称がついているのである。

引当金の分類

- 評価性引当金（資産の部）——— 資産項目のマイナス勘定
- 負債性引当金（負債の部）
  - **債務たる引当金**（条件付債務）
    ・製品保証引当金，退職給付引当金……
  - **債務でない引当金**
    ・修繕引当金，損害補償損失引当金……

「負債」と「債務」

「負債」は，会計上の概念で，主に，支払義務，返済義務の意味で使われる。「他人資本」ということもある。ただし，「負債」は企業の立場から見た表現であり，「他人資本」は企業の所有者から見た表現である。

「債務」は「債権」に対応する概念で，債権者に対して一定の行為または給付をする義務をいう。法律や契約によって強制されるものは法的債務という。債務は，必ずしも，金銭による支払義務とは限らないが，負債は，金額による表示ができるものに限られる。

貸借対照表の負債の部には，金銭債務のほか，製品保証引当金，修繕引当金のような負債性引当金も計上される。修繕引当金は法的な意味での債務性はないが，期間損益計算を適正に行うために計上される「純粋に会計的な負債」だとされる。

債務には対応する概念として債権がある。会計上の負債は，「債（かり）を負う」という広い意味の言葉であるが，会計には「貸しを作る」という意味の一般的表現はない。あえていえば，「持っているモノ＝資産」と「返すべきモノ＝負債」とが対比されているのかもしれない。

不正

辞典的には「正しくないこと」。意図的・作為的に行われる「不実行為」で，「不適切な処理・報告」から「着服」「横領」などを含む。取引を装った不正，使途不明金による不正，贈収賄，リベート不正などがある。誰が不正を働くかで，「経営者不正」と「従業員不正」に分類される。最近では，「会計不正」のように，会計を悪用した不正を表すこともある。

附属明細書

会社法上，株式会社が決算期ごとに作成するもので，**計算書類と事業報告の記載を補足する重要な事項を記載する文書**である。株主・債権者が計算書類や事業報告の内容を詳細に知るための手助けとなるとともに，株主が取締役などの業務執行等の適法性を監視するために必要な情報が盛り込まれている。金融商品取引法が定める「附属明細表」とは，目的も内容も異なる。

計算書類に係る附属明細書には，有形固定資産・無形固定資産の明細，引当金の明細，販売費及び一般管理費の明細のほか，貸借対照表，損益計算書，株主資本等変動計算書，個別注記表の内容を補足する重要な事項を表示する（計算規則145条）。

附属明細表

金融商品取引法上，財務諸表等規則において掲げられているもので，B／S，P／Lの内訳等の明細を記したもの。財務諸表を構成する一部として位置づけられている。会社法上の「附属明細書」とは目的も内容も異なる。

振当処理（外貨換算基準）

外貨換算会計基準では，原則的な換算方法の他に，為替予約等（通貨先物，通貨オプション，通貨スワップを含む）によって円貨でのキャッシュ・フローが固定されているときには，その円貨額で金銭債権債務を換算し，直物為替相場（現物為替相場）との差額を期間配分する方法（これを，**振当処理**という）を適用できることとしている。

これは，キャッシュ・フロー・ヘッジと共通する考え方に基づくものである。このヘッジ会計処理は，**外貨建取引の発生時における換算**（原則は，取引発生時の為替相場による換算）と，**決算時における外貨，外貨建金銭債権債務，外貨建金融商品の換算**（原則は，決算時の為替相場）に適用することができる。

フリー・キャッシュフロー（FCF）

営業活動から得られるキャッシュ・フロー（インフロー）から，企業経営に必要な投資額（キャッシュ・アウトフロー）を差し引いた残額をいう。設備投資や仕入れなどに必要な資金を除くことによって，株主や債権者に自由に分配・返済したり株式投資などに充当することができる余裕資金。

計算式は，次のとおり。

> FCF＝(経常利益＋支払利息)×(1－法人税率)＋減価償却費
> 　　　－運転資本増加額－資本的支出の額

簡便法として，キャッシュ・フロー計算書の「営業活動からのキャッシュ・フロー」から「投資活動によるキャッシュ・フロー」を差し引いて求めることもある。

振替価格

事業部制などを採用している場合，ある事業部の製品や半製品を他の事業部に引き渡すときの取引価格をいう。内部振替価格ともいう。一定の利益を上乗せして振り替えられることもある。

不良債権

一般的には，銀行が保有する債権（主に，貸出金）のうち，債務者の経営状態や財政状態からみて，回収が困難と判断される債権をいう。

不良債権には，銀行法に基づく「リスク管理債権」と，金融再生法に基づく「金融再生法開示債権」の2種類がある。

フルペイアウト（リース）

ファイナンス・リース取引は，①「解約不能（ノンキャンセラブル）」であって，かつ，②リース物件の「経済的利益を実質的に享受する」代わりに，③「リース物件の使用に伴って生じるコストを実質的に負担する」という条件を

満たしているものをいう。

②は，このリース物件を借りずに，自己所有するとすれば得られると期待されるほとんどすべての**経済的利益を享受すること**をいい，③は，（その見返りとして）リース物件の取得価額相当額，維持管理等の費用，陳腐化によるリスク等のほとんどすべての**コストを負担する**ことをいう。

この，②と③の２つの条件（経済的利益の享受と見返りとしてのコスト負担）を，「フルペイアウト」という。

リース会計基準では，「解約不能」と「フルペイアウト」という２つをもってファイナンス・リース取引の条件としている。これらの条件に合わない取引は，ファイナンス・リース取引とはならず，オペレーティング・リース取引となる。

フルペイアウトの判定基準（リース）

ファイナンス・リース取引とされる条件のひとつ。「現在価値基準」を原則とするが，すべてのリース取引について現在価値を計算することは実務上きわめて煩雑と考えられることから，**簡便法**として「経済的耐用年数基準」を設けている。

粉飾（決算）

経営者が意図的に行う利益操作で，通常，利益を過大に，あるいは，損失を過小に報告すること。逆に，利益を少なめに報告することを「逆粉飾」という。

減価償却費を少な目にすれば利益は大きくなるし，多めにすれば利益は少なくなる。他にも，費用を多めに計上したり，少な目に計上したり，費用支出を資産としたり，逆に，資産の購入費用を費用としたりすれば，利益を操作できる。利益操作ともいう。　→ **逆粉飾**

分配可能額

　旧商法の考え方では，純資産額から資本等の金額を控除して分配可能利益を計算したが，会社法では，留保利益をベースに，臨時計算書類に計上された利益の額等を積み上げて計算する。分配可能額の算定は，従来の期末（決算期）をベースにするものから，**計算書類の確定時をベースにするものに変更された**。ただし，**会社の純資産が300万円を下回る場合には，剰余金があっても分配できない**（会社法458条）。会社に金銭がなくても，他の財産をもって配当することができる。

　分配可能額は，会計ルールに従って計算した**剰余金の額**から，**自己株式の帳簿価額，最終事業年度の末日後に自己株式を処分した場合にはその自己株式の対価の額等を減じて求める**（会社法461条）。

　分配可能額を求める場合に，剰余金の額に何を加え，何を差し引くかは，会社法上の政策的な理由によるもので，会計とは関係がない。

分配可能額の計算

　会社法461条2項では，「分配可能額」は，次の1と2の合計額から，3～6の合計額を差し引いて求めるとしている。

1　剰余金の額
2　臨時計算書類につき株主総会の承認を受けた次の額
　a　臨時決算日の属する事業年度の初日から臨時決算日までの期間に係る利益
　b　上と同じ期間において自己株式を処分した場合には，その対価の額

3　自己株式の帳簿価額
4　最終事業年度の末日後に自己株式を処分した場合は，その対価の額
5　2のaでいう期間の損失

6 その他，法務省令で定める勘定科目に計上した以下の額（会社計算規則186条）
 a のれん（資産に計上されているもの）の2分の1の額と繰延資産に計上された額の合計額が，資本金・準備金の合計額を超える場合の，その超過額の2分の1（ただし，その他資本剰余金の額を上限とする）
 b その他有価証券評価差額金
 c 土地再評価差額金
 d 子会社・関連会社投資に持分法を適用した場合の，投資損失等

ここで，正の「のれん」（資産側に計上される「のれん」）の2分の1と繰延資産の合計額が資本金・準備金の合計額を超える場合に，配当財源となる剰余金を制限するのは，次の理由によると考えられる。

配当財源となる剰余金を制限する理由

① のれんも繰延資産も，個々に分離して売却できるようなものではなく，他の資産との同質性が乏しく，また，担保価値等もないことから，会社法上は，資産としての実質を備えていない擬制資産とみなされる。
② 企業結合会計基準では，原則としてパーチェス法を採用することになり，企業結合に伴って多額の「のれん」が資産として計上されるものと予想される。
③ そこで，保守主義の観点から，会社法の観点からする資産としての実質を伴わない資産項目が多額に計上され，それが，剰余金を構成する項目とされることを避けるために，上の超過額については配当財源から除外するような規制をおくことにする。

また，上で，持分法を適用した場合の損失を分配可能額から控除しているが，これは，次のような理由からであると考えられる。つまり，子会社や関連会社の財務内容が悪化した場合には，連結財務諸表にはそうした事情が反映されるけれども，個別財務諸表には反映されない。保守主義の観点からすると，こうした事情を個別財務諸表に反映することが重要であることから，配当制限をかけることにした。

（ヘ）

平均法

　仕入れた商品や原材料によっては，先に仕入れたモノと後で仕入れたモノが入り交じるようなケースもある。

　例えば，重油・軽油などのような流動体のモノなどである。こうした物品は，新旧の物品自体がミックスされるので，その物品の属性であるコストもミックスされると考えるのが，平均法である。

　平均法は，それ以前に仕入れた物品の原価と新たに仕入れた物品の原価を（加重）平均して，倉庫から出荷するときは，モノは新旧平均してミックスされた状態で出荷され，（加重）平均されたコストがモノに付着して流れる（配分される）と考える。

　「**加重平均**」というのは，100円のモノを10個と80円のモノを40個仕入れたとき，総原価4,200円（100×10個＋80×40個）を仕入れた数量50個で割って求めた「**平均単価**」84円をいう。

　これに対して，仕入単価の100円と80円を単純に平均して求めた90円（(100＋80)÷2）のことを「**単純平均**」という。単純平均原価を使って棚卸資産を評価すると，合計で4,500円（90×50個）となり，実際の仕入原価（4,200円）と合わない。そこで，会計では，「**加重平均原価**」を使うのである。

　なお，平均法には，**総平均法**と**移動平均法**がある。それぞれの平均単価は，次の算式で求める。

〔総平均法〕

$$\text{総平均単価} = \frac{\text{前期繰越金額} + \text{当期仕入金額}}{\text{前期繰越数量} + \text{当期仕入数量}}$$

〔移動平均法〕

$$\text{移動平均単価} = \frac{\text{それまでの在庫の金額} + \text{今回の仕入金額}}{\text{それまでの在庫数量} + \text{今回の仕入数量}}$$

→ 後入先出法，先入先出法

ヘッジ会計

ヘッジ手段に係る損益とヘッジ対象に係る損益を同一の会計期間に認識するための会計処理をいう（計算規則2条3項26号）。

ヘッジ手段

資産もしくは負債またはデリバティブ取引に係る価格変動，金利変動および為替変動による損失の可能性を減殺することを目的とし，かつ，当該可能性を減殺することが客観的に認められる取引をいう（計算規則2条3項26号）。

別途積立金

分配可能な剰余金の一部を，株主総会等において，使途を特定しないで積み立てたものをいう。これを取り崩して配当などに充てるには，株主総会等の決議が必要となる。 → 積立金，任意積立金の積み立て

返品調整引当金

　出版業界，医薬品業界などでは，製造業者や卸売業者が，いちいち注文をとらずに，一方的に商品を小売店に送りつける販売方式が一般的である。

　そういう方式で販売した商品は，一定の期間，当初の販売価額で買い戻す特約を小売店と結んでいる。そのために，当期に小売店に販売した商品が，次期において大量に返品されてくることもある。

〔次期における返品に含まれる利益〕

　こうした特約を結んでいる場合，当期の売上高には，次期に返品されてくる商品の利益が多額に含まれることになる。そこで，当期末に，次期における返品高を見積もり，その売上取消分に含まれる利益相当分を，当期の利益からマイナスすべき額として費用計上し，これに対する貸方科目として「返品調整引当金」を設定する。

〔収益控除性の引当金〕

　本来であれば，損益計算書の売上総利益から控除すべき性格の引当金である。そのために，「収益控除性の負債性引当金」といった説明をすることもある。「本来は，収益項目から控除すべきであるが，負債の部に計上される引当金」ということであろう。

〈ほ〉

包括主義

損益計算書の作成方法のひとつ。当期業績主義による損益計算書が会計知識の少ない利用者を想定した啓蒙的な考えに立脚するのに対して、包括主義は、利用者がある程度の情報消化能力を持っていることを前提に損益計算書を作成するもの。損益計算書には、各期の経常的な企業活動において発生する損益項目だけではなく、期間外損益や超期間損益などをすべて記載して、当期純利益を計算表示する。財務諸表の利用者は、数期間の損益計算書を観察・分析することで企業の収益力を判断しなければならない。

現在のわが国の損益計算書は、営業損益計算の部と経常損益計算の部によって当期業績主義による損益計算書を示し（ここでは、当期の業績を「経常利益」として表示）、その後ろに、「純損益計算の部」を設けて当期の業績とは関係のない項目（特別損益）を記載して、最終行（ボトムライン）において「包括主義による当期純利益」を表示している。　→ 当期業績主義、包括利益

包括利益

資本取引以外の事象・原因による持分（もちぶん）の変動を総称する用語。一般に、資本取引によらない持分の増減はすべて損益計算書を通して貸借対照表に計上される。これは、「すべての損益項目は、必ず一度、一度だけ（一度は計上するが、二度は計上しない）、損益計算書に計上する」という「クリーン・サープラス」の考えによるものである。こうすることで、何らかの損益項目を損益計算書を通さずに貸借対照表の自己資本（純資産）の部（特に、剰余金＜英語で、サープラスという＞の部）を直接に変動するような、不明朗・不透明な会計処理を禁じてきた。

ところが，最近では，このクリーン・サープラスの原則を破るような会計処理を認めるようになってきた。たとえば，**有価証券の評価差損益や土地の再評価損益，自己株式の処分差損益**などは，損益計算書を通さずに，直接，貸借対照表のサープラスに加減されている。これらの項目は，「**その他包括利益**」と呼ばれている。

要するに，包括利益は，当期純利益にその他包括利益を加えたものである。
→「クリーン・サープラス」論とダーティ・サープラス

報告

リポーティングと同じ。企業に資金を提供していたり取引を行っていたり，企業と利害関係がある者に対して行う情報の伝達をいう。通常，利害関係者は情報を受け取る権利を有する。

報酬等

取締役の報酬，賞与その他の職務執行の対価として株式会社から受ける財産上の利益をいう（会社法361条1項）。　→ 役員賞与・役員報酬

法人

人の集合体または財産の集合体に，自然人と同様の権利義務を与えたもの。自然人と同様の法律行為（例えば，権利義務の主体となること）などの経済活動を行うことができる。

自然人（つまり，人）に対する用語で，人の集まりや財産から構成される組織体に**法人格**（**権利能力**）を与えたものをいう。その代表が「**会社**」（社団法人）で，自然人と同じように法律行為を含む，多様な経済活動を営むことができる。

法人擬制説(ぎせい)

　法人擬制説とは，本来は，民法上の法人に関する理解のひとつで，「権利・義務の主体になりうるのは，自然人（つまり，人間）だけであり，法人（会社，組合など）は，自然人に擬制（自然人とみなす）したものに過ぎない」，というものである。

　こうした考えの下では，法人の利益や資本は，本来，その所有者にとっての利益・資本であり，「法人にとっての利益」などはなく，あるのは「株主（資本主）にとっての利益」だけであると考える。法人税法は，「法人擬制説」に立脚しているといわれている。

法人税

　内容的には，法人所得税というべきもの。会社の事業による毎年の所得（会計上の利益に近い概念）に課す税金。国税。

法人税等（税効果会計基準）

　税効果会計においては，法人税のほか，都道府県民税，市町村民税，利益に関連する金額を課税標準とする事業税を含む（税効果会計基準注解・注1）。
　→ 表面税率，法定実効税率

法人税等調整額

　税効果会計の適用により計上される法人税等の調整額をいう（計算規則124条）。

法人税等の調整額（税効果会計基準）

　繰延税金資産と繰延税金負債の差額を期首と期末で比較した増減額をいう（税効果会計基準，第二，二，3）。

法定実効税率

　実際に企業が負担する税率をいう。現在，法人税，都道府県民税，市町村民税，事業税（利益に関連する金額を課税標準とするもの）という4つの税を合わせて，かつ事業税の影響を考慮すると，ほぼ40％である。　→ **表面税率**

簿外資産・簿外負債
（ぼがい）

　会計帳簿に記載されていない資産・負債をいう。貸借対照表は，その期日におけるすべての資産・負債を表示するものである。これを「貸借対照表完全性の原則」という。

　ただし，企業会計原則によれば，正規の簿記の原則や重要性の原則を適用した結果，重要性の乏しい消耗品（資産）や未払費用（負債）などが貸借対照表上の資産・負債として計上されないこともある。こうした公正妥当な会計原則（ＧＡＡＰという）を適用した結果として生じる簿外の資産・負債を**簿外資産・簿外負債**という。

保守主義の原則

　企業会計原則の一般原則第6では，次のように定めている。

> 「企業の財政に不利な影響を及ぼす可能性がある場合には，これに備えて適当に健全な会計処理をしなければならない。」

　財務会計は，見積もりによる計算を避けることができない。例えば，減価償却にしても，耐用年数も残存価額も，見積もりを使うしかない。そうした見積もりによる計算をする場合には，収益が控えめに出るように，**費用が多めに出るように**，保守的な経理を求める方が，その逆よりも，害が少ないと考えられる。そうした経理を「保守主義」と呼んでいる。

　この原則は，要するに，会計処理においては「石橋を叩いて渡れ」といっているようである。

〔保守主義の適用〕

あるいは，収益の実現主義とか有価証券や棚卸資産に適用される低価法なども，保守主義の原則を具体的に適用したケースであるとみなされている。

保守主義の原則（安全性の原則）

企業の財政に不利な影響を及ぼす可能性のある場合（予測される将来の危険） ⇒ これに備えて，慎重な判断に基づく適当に健全な会計処理

保守主義の意義
　＝一般に公正妥当と認められた会計処理や見積りの方法の
　　枠内で，より多くの費用・損失が計上される方法，より少ない収益・
　　　利益が計上される方法を採ることを妥当とする思考
　　　⇧
　　　（条件）
　　　　方法の選択について，いずれを選択すべきかの
　　　　客観的データがないこと

この枠から外れると**過度の保守主義**

会計処理（会計見積りを含む）における保守主義の適用例

(1) 棚卸資産および有価証券の低価主義評価
(2) 後入先出法，基準棚卸法等の選択
(3) 見積費用の引当計上（発生額の見積りに保守的思考）
(4) 工事進行基準における工事進行率の見積り
(5) 割賦基準の適用
(6) 加速的償却の実施
(7) 逓減償却法の適用（定率法，級数法）

〈ま〉

前払金・前渡金

商品や原材料などを購入するときの手付金。支払ったときは，流動資産に計上する。

前払費用と前払金

「前払費用」は，前払保険料（未経過保険料ともいう）のように，次期に属する費用を当期に前払いした額である。次期にその額に相当する「保険サービス」を受ける権利があり，これを貸借対照表に「経過資産」として載せる。

これに対して，「前払金」は，「前渡金」ともいい，主として，商品や原材料などを購入するときの「手付金」をいう。手付金は，購入を取りやめると没収され，また，売り手が商品等を引き渡すことができないときは「手付金倍返し」をする商慣習がある。そうした特殊な面もあるが，返済請求権があるので，債権である。　→ 手付金

満期保有目的債券

企業が債券の満期まで保有することを目的としていると認められる社債その他の債券をいう。取得原価をもって貸借対照表価額とする。ただし，取得価額と債券金額との差額の性格が金利の調整と認められる場合には，償却原価法による価額をもって貸借対照表に記載する。

時価で評価しないのは，「満期まで保有することによる約定利息及び元本の受取りを目的としており，満期までの間の金利変動による価格変動のリスクを認める必要がない」からだと説明されている（意見書四・2(2)）。

　→ 償却原価法

〔み〕

見越しと繰延べ

収益と費用について,「現金の収支」と「損益の計上」が期間的にずれるものがある。

例えば,当社が役務を提供する側の場合,収益に関して,

- まだ役務は提供していないけれど,その代金は受取済み（前受収益）
- すでに役務は提供したけれど,その代金は未収（未収収益）

という2つの項目があり,

当社が役務を受ける側の場合,費用に関して,

- まだ役務の提供を受けていないが,代金は支払い済み（前払費用）
- すでに役務の提供を受けたが,代金は未払い（未払費用）

という2つの項目がある。

こうした経過項目は,企業会計原則によると,「時間の経過とともに次期以降の収益または費用となる」か,「時間の経過に伴いすでに当期の収益または費用となっている」ものである。

前受収益	当期に「現金の収入はあった」けれども,当期の「収益から除外」する
前払費用	当期に「現金の支出はあった」けれども,「当期の費用から除外」する
未収収益	当期に「現金の収入はない」けれど,「当期の収益に計上」する
未払費用	当期に「現金の支出はない」けれど,「当期の費用に計上」する

企業会計原則では，それぞれの見越し・繰延べ項目について，「役務提供契約以外の契約等による」「前受金」「前払金（前渡金）」「未払金」「未収金」とは「区別」しなければならない，としている。

未実現利益・未実現収益

いまだ確実となっていない利益（収益）。一般に利益は，その対価（代金）を確実に受け取ることができるような状況（例えば，販売）を迎えて「実現」したと考える。未実現利益は，そうした状況に至っていないものをいう。

未収収益と未収金

〔未収収益〕

「未収収益」は，すでに役務は提供済みで，当期に属する収益であるが，支払期日が到来しないため未収の状態の収益をいう。支払期日がくるまでは，請求権が確立しないといえる。

例えば，貸付金に対する利息を半年ごとに受け取る契約をしている場合，期末までに発生している利息であるが，契約によって次期に受け取ることになっている収益をいう。期末現在では，支払いを請求する権利はない。

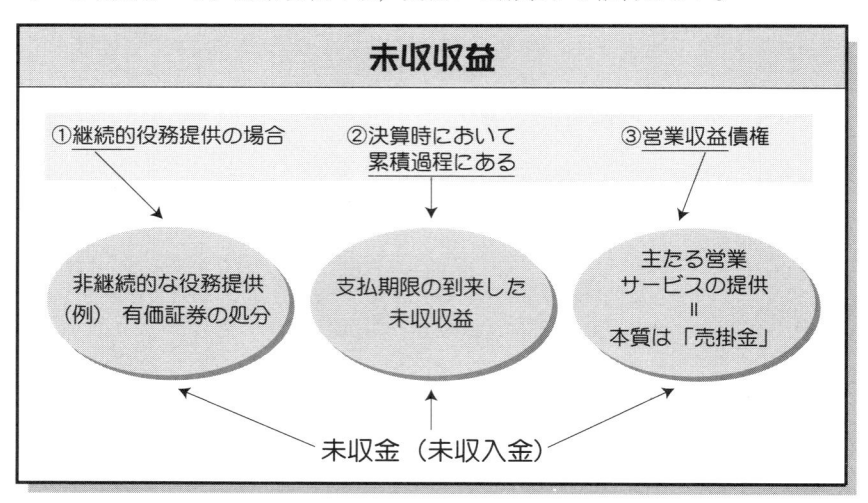

未収収益

①継続的役務提供の場合 → 非継続的な役務提供（例）有価証券の処分

②決算時において累積過程にある → 支払期限の到来した未収収益

③営業収益債権 → 主たる営業サービスの提供 ＝ 本質は「売掛金」

↓ 未収金（未収入金）

損益計算書には収益（受取利息）を計上し，貸借対照表に経過資産（未収収益）を計上する。

〔未収金〕

「未収金」は，未収入金ともいい，商品や有価証券の売却代金のうち未収分をいう。ただし，主たる営業活動から生じる未収金は，「売掛金」と呼ぶ。未収金は，すでに請求権が成立しているが，未収収益は支払期日が到来するまでは請求権が成立しない。

未処分利益

旧商法では，期末の当期純利益，繰越利益期末残高，任意積立金の目的に従った取崩額が未処分利益勘定に振り替えられ，「当期未処分利益」が算定された。次期になって開催される株主総会において利益処分が行われ，未処分利益の残高があれば，これを「繰越利益勘定」に振り替えた。

会社法では，未処分利益勘定も繰越利益勘定も廃止され，「繰越利益剰余金勘定」に一本化されている。

未処理損失

旧商法では，決算により当期純損失を計上する場合，株主総会でその補填（ほてん）が行われるまでの間，一時的に「未処理損失」としたが，この処理は廃止された。

会社法では，「当期純利益」と「当期純損失」のいずれも「繰越利益剰余金勘定」で処理する。当期純利益は繰越利益剰余金に貸記し，当期純損失は借記する。当期純損失が大きいと，繰越利益剰余金が借方残になる。

未払金

本来の営業取引以外の取引から生じた債務のうち，いまだその支払いが済んでいないもの。会計上の負債，法律上の債務である。例：借入金。将来において支払う代金が費用とならない点と確定債務である点で，引当金と違う。

未払費用

　継続的に役務の提供を受けている場合，当期にすでに提供された役務に対する対価の支払いが済んでいないもの。当期に負担する費用であるが，対価は未払いのもの。会計上の負債であり，会社法上，債務となる。例：未払家賃。将来において支払う代金が費用とされる点では引当金繰入額と同じであるが，確定債務である点で引当金と異なる。

未払費用と未払金

〔未払費用〕

　「未払費用」は，当期の費用でありながら次期に支払日が到来するものである。期末現在でみて，支払義務は確立していない。例えば，借入金の利息を半年ごとに後払いする契約のときに，期末現在までに発生済みであるが，次期に支払う利息の部分をいう。損益計算上は当期の費用として計上し，同時に，貸借対照表に未払費用（負債）を掲記する。

〔未払金〕

　これに対して，「未払金」は，財やサービスの提供を受け，その代金をまだ支払っていない場合に生じる支払義務や支払期限が到来した未払費用をいう。支払期限が到来した未払費用も未払金となる。ただし，主たる営業活動から生じる未払金は，「買掛金」と呼ぶ。

　未払費用は，支払期日が到来するまでは支払義務がないが，未払金は支払義務が確定している点で違う。

〔む〕

無形固定資産

　無形固定資産とは，有償で取得した固定資産のうち，形が見えない資産をいう。有形固定資産に対する用語である。

　無形固定資産は，具体的な形態を持たない固定資産であり，法律上の権利を表す資産や，他の企業との競争において優位に作用する経済上の財産で流動性を持たないもの（のれん）から構成される。

　法律上の権利を表す資産は，法律や契約などによって排他的に利用を認められる権益をいい，次のようなものがある。表のうち，営業権（「のれん」とも呼ぶ）は法律上の権利ではない。

法律上の独占的権利	特許権，鉱業権，商標権，漁業権，実用新案権，意匠権，借地権など
有償で取得した超過収益力	営業権（のれん）
建設費を負担して取得した施設利用権	専用側線利用権，電気ガス供給施設利用権など

無形固定資産の種類

会社計算規則では，次に掲げる資産を無形固定資産に属するものとしている（計算規則106条3項3号）。

特許権
借地権（地上権を含む）
商標権
実用新案権
意匠権
鉱業権
漁業権（入漁権を含む）
ソフトウエア
のれん
その他の無形資産であって，無形固定資産に属する資産とすべきもの

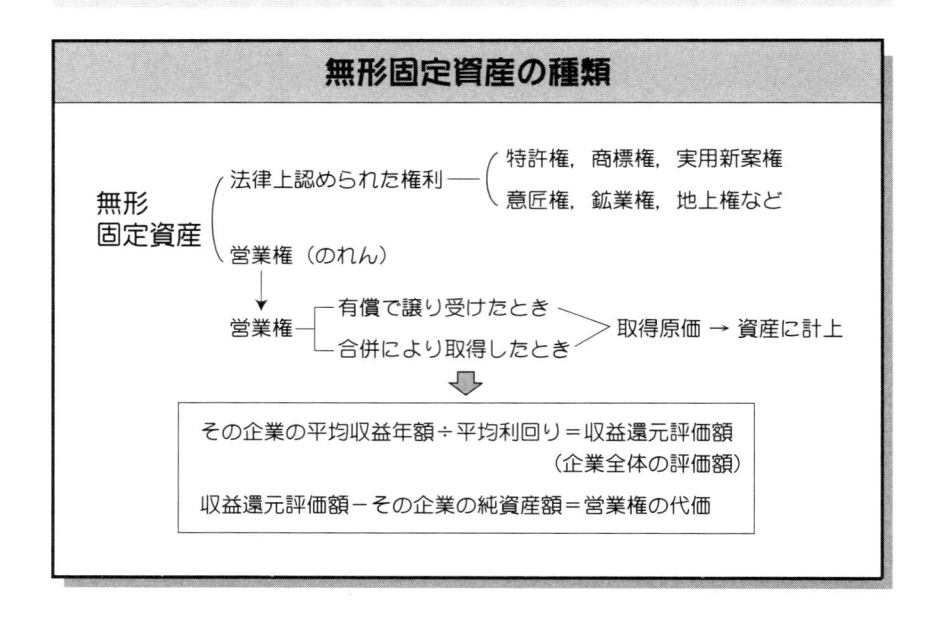

無形固定資産の種類

無形固定資産
- 法律上認められた権利 ── 特許権，商標権，実用新案権
  意匠権，鉱業権，地上権など
- 営業権（のれん）

↓

営業権 ── 有償で譲り受けたとき
        ── 合併により取得したとき → 取得原価 → 資産に計上

⇓

その企業の平均収益年額÷平均利回り＝収益還元評価額
（企業全体の評価額）
収益還元評価額－その企業の純資産額＝営業権の代価

無形固定資産の償却

　無形固定資産は有償で（対価を支払って）取得した固定資産であるから，会計上は，収益費用対応の原則と原価配分の原則に従って，その取得原価を資産の利用期間に配分する。

　借地権は，土地を賃借する権利と建物を所有する目的で他人の土地を使用する権利をいうが，この権利はこれを譲渡するまでに減価することが予想されないので，償却しない。

　無形固定資産を償却する場合，その取得原価は，鉱業権を除き，一般に，**残存価額をゼロとした定額法によって償却**する。

　無形固定資産の償却は，アメリカでは，なし崩し償却またはアモチゼーション（amortization）というが，わが国では，有形固定資産と同様に**減価償却**と呼ぶ。

無形固定資産の償却

(1) 法律上の有効期限のあるものは，その期限内に償却
(2) 残存価額ゼロ，正規の償却法（定額法，定率法……）
(3) 勘定処理は直接法
(4) のれんは20年以内に償却
(5) 鉱業権は生産高比例法を使うことができる

〔め〕

明瞭性の原則

企業会計原則一般原則のひとつ。

> 「企業会計は，財務諸表によって，利害関係者に対し必要な会計事実を明瞭に表示し，企業の状況に関する判断を誤らせないようにしなければならない。」

一般に，明瞭性の原則とか，明瞭表示の原則と呼ばれている。この原則は，利害関係者（株主，債権者，取引先，課税当局など）が企業の財政状態（財務状態）や経営成績について正しい判断ができるように，必要な会計事実を，財務諸表によって，明瞭に示すことを要請するものである。

ある事実を明瞭に（正しく判断できるように）示すという場合，2つのことが考えられる。1つは，詳しく示すこと（**詳細性**）であり，もう1つは，一目でわかるように示すこと（**概観性**）である。

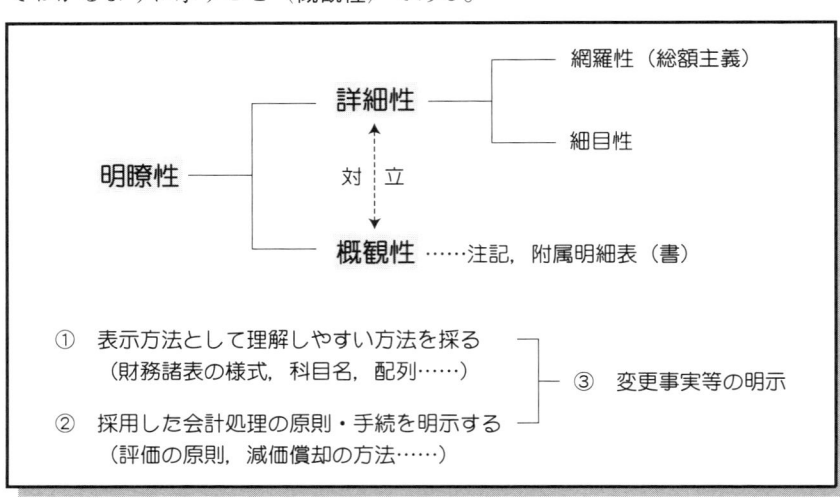

```
                    ┌─ 網羅性（総額主義）
          ┌ 詳細性 ─┤
          │        └─ 細目性
明瞭性 ───┤   対↕立
          │
          └ 概観性 ……注記，附属明細表（書）

① 表示方法として理解しやすい方法を採る
   （財務諸表の様式，科目名，配列……）      ┐
                                              ├ ③ 変更事実等の明示
② 採用した会計処理の原則・手続を明示する    ┘
   （評価の原則，減価償却の方法……）
```

ところが困ったことに，詳細性と概観性は，両立しない。詳しく示すと概観性が失われるし，一目でわかるように示せば細部が示されない。地球儀は世界全体を一目で捉えるには便利であるが，地球儀を手にして旅行をするわけにはいかないのと同じ道理である。
　そこで，概観性のあるものを先に示しておいて，必要に応じて詳細なものを示して補足するということが行われる。

〔も〕

持ち合い株（式）

　法律上の定義などはない。一般に，グループ内の企業同士が，お互いの発行株式を持ち合うものをいう。取引関係を維持するために保有するケース，合併や系列化を視野にいれて保有するケース，乗っ取りを予防するために保有するケースなど，目的は様々である。

持分
　_{もちぶん}

　辞書的には「取り分」のこと。法律上は，「共有者が共有物について保有する権利の割合または割合的権利」。

　会計では，かつて資産に対する請求権という意味で，負債（債権者持分）と資本（株主持分）の全体を表す用語であったが，アメリカのＦＡＳＢ（財務会計基準審議会）では，純資産（総資産－負債）または株主資本の意味で使っている。

持分会社

　合名会社，合資会社，合同会社を総称する用語（会社法575条）。当該持分会社の財産をもってしてもその債務を完済できない場合は，その社員は連帯して債務を弁済する責任を負う（会社法580条）。持分会社の間では，社員の変動または責任の変更により組織変更ができる。また，株式会社への組織変更もできるし，株式会社から持分会社への組織変更もできる。

持分法（会社法）（連結会計基準）
　投資勘定を評価する方法のひとつ。投資会社が，披投資会社の純資産および損益のうち当該投資会社に帰属する部分の変動に応じて，その投資の金額を事業年度ごとに修正する方法をいう（計算規則2条3項24号）。

　わが国では，**連結財務諸表**を作成するときに，非連結子会社と関連会社に対する**投資勘定**を，原則として持分法によって評価する。子会社等の財務諸表を全部連結するフル連結に対して「一行連結」という。

〔や〕

役員賞与引当金

　役員賞与に対してはこれまで引当金を設定せず，利益処分によって会計処理してきた。平成16年の「実務対応報告第13号」により，今後は，役員賞与も発生時に費用として処理されることになった。したがって，役員賞与が発生する期において役員賞与引当金が設定される。

役員賞与・役員報酬（会社法）

　旧商法上，役員賞与は，株主総会における利益処分の一項目として処理し，役員報酬は従業員に対する給与と同じ性格のものとして発生時に期間費用とした。

　会社法では，役員賞与も役員報酬も，ともに役員の職務執行に対する対価として整理し，発生した期間の費用とする。

　役員報酬は，確定報酬として支給される場合と業績連動型報酬として支給される場合があるが，職務執行の対価として支給されることにはかわりはなく，会計上は，いずれも費用として処理される。

　役員賞与は，経済的実態としては費用として処理される業績連動型報酬と同様の性格であると考えられるため，費用として処理することが適当である。

約定利息

　当事者間の契約で定められる利息。その利率を約定利率という。法律の規定に基づいて発生する「法定利息（法定利率）」に対することば。社債の場合は，券面に利率が記載されている。

〔ゆ〕

有価証券

　私法上の財産権を表彰する証券で，その権利の移転が証券によってなされるものをいう。これには，手形，小切手，貨物引換証，商品券，株券，債券などが含まれる。

　会計上の有価証券は，これより範囲が狭く，国債証券，地方債証券，社債券，株券，新株予約権証券，証券投資信託や貸付信託の受益証券，あるいは，これらと類似するものなどに限定される（金融商品取引法第2条1項，意見書Ⅲ・一・1）。

「有価証券」と「金融商品」

　「証券取引法」を衣替えした「金融商品取引法」では，「有価証券」という用語と「金融商品」という用語を使い分けている。

　金融商品取引法では，証券取引法でいう「有価証券」よりも幅広く「投資商品」を含めたものを「有価証券」と呼んでいる。

　「金融商品」はさらに幅広く，一定の「預金契約」，「通貨」をも含むものとして定められている。

有価証券の分類

有価証券の分類には、①貸借対照表上の分類と、②評価のための分類、の2つがある。

有価証券――貸借対照表の分類

有価証券は、貸借対照表上、流動資産の部に「有価証券」として記載されるものと、固定資産の部の「投資その他の資産」に記載されるものがある。

流動資産の部に掲げる有価証券

(a) 時価の変動により利益を得ることを目的として保有する有価証券（売買目的有価証券）
(b) 1年内に満期の到来する社債その他の債券（市場価格の有無を問わない）

固定資産の部（「投資その他の資産」）に掲げる有価証券

(c) 上記以外の有価証券
  ・子会社株式
  ・関連会社株式
  ・満期保有目的債券（上の(b)を除く）
その他有価証券（市場価格の有無を問わない）

有価証券――所有目的による分類

上に紹介したのは，貸借対照表における分類であった。分類の基準は，流動負債の返済財源として使えるかどうか，である。
有価証券を評価する場合には，これとは違った，次のような分類をする。主として所有目的による分類である。

(A) 売買目的有価証券
(B) 満期まで保有する目的の債券
(C) 子会社株式および関連会社株式
(D) (A)－(C)以外の有価証券（その他有価証券）

以上の分類を整理しておく。有価証券は，それを評価する目的では，「市場価格の有無」と「所有目的」という2つの基準で分類される。

有価証券――評価のための分類

(A) 市場価格のある有価証券

・売買目的有価証券
・満期保有目的の債券
・子会社株式および関連会社株式
・その他有価証券

(B) 市場価格のない有価証券

・満期保有目的の債券
・子会社株式および関連会社株式
・その他有価証券

有限会社

　有限会社の制度は廃止された。新会社法は，有限会社という会社形態の意義を否定したのではなく，むしろ，現在の株式会社のほとんどが実質的に有限会社に近いことから，従来の有限会社をベースとして「株式会社」を位置づけるものである。

　新会社法が施行された時点で，すでに設立されている有限会社は，引き続き，有限会社として存続することができる。法的には，「会社法上の株式会社」として存続し，**特例有限会社**と呼ばれる。特例有限会社は，定款を変更し，株式会社に**商号変更**すれば，いつでも，株式会社を名乗ることができる。

〔よ〕

予約販売

　予約販売は，コンサートやミュージカルのチケットを前売りしたり，季節商品や希少特産品を販売する前に予約を取ったり，月刊誌などの年間講読を契約するなど，商品やサービスの提供前に，予約金を受け取るものをいう。

　こうした予約販売では，通常の販売と違って，**代金を先に受け取る**。しかし，「**販売**」の条件である「**商品・役務の提供**」は，代金を受け取った段階ではまだ行われていない。代金を受け取った段階では，いまだ「販売」が行われたとは認められないのである。

　期末までに，コンサートなどが終了していれば，その予約金はすべて当期の収益として計上される。しかし，特産品が期末までに引き渡されていないような場合には，予約金は「**予約販売前受金**」として負債の部に計上される。定期購読の雑誌などは，期末までに読者に送付した分については売上げを計上し，残りは負債の部に計上する。

　予約販売も，販売基準（引渡基準）が採用されているのである。

　→ **販売基準**

〔り〕

リース取引

特定の物件の所有者たる貸手（レッサー）が，当該物件の借手（レッシー）に対し，合意された期間（リース期間）にわたりこれを使用収益する権利を与え，借手は，合意された使用料（リース料）を貸手に支払う取引をいう（リース会計基準）。

利益準備金（会社法）

利益を財源とする準備金。繰越利益剰余金を配当する場合，その配当により減少する剰余金の10分の1の額を，利益準備金として積み立てなければならない。ただし，準備金が資本金の4分の1に達しているときは積立をしなくてもよい（会社法445条，計算規則45条）。　→ **資本準備金**

利益剰余金

利益剰余金としては，利益準備金とその他利益剰余金がある。その他利益剰余金は，任意積立金と繰越利益剰余金からなる。利益剰余金は，株主が払い込んだ金額ではなく，企業の事業活動（損益取引）から生じたもので，株主に配当等の形で分配せずに，利益の一部を社内に留保（内部留保という）したもの。

利益剰余金 ｛ 利益準備金 / その他利益剰余金 ｛ 任意積立金 / 繰越利益剰余金

利益操作

正しい決算を行わず，当期の損益を企業の希望どおりに決めること。利益を大きく示すことを「粉飾（決算）」，利益を少な目にすることを「逆粉飾（決算）」という。 → 粉飾（決算）

利益・総利益・純利益・稼得利益・留保利益・利得

〔利益・総利益・純利益〕

一般的な用語法としては，利益は純額（差額）の概念で，収益からそれを獲得するのに要した費用を差し引いた差額を指す。差額であることを強調するときは，特に「純利益」という。例えば，当期純利益がそうである。

いったん差額を計算してから，さらに差し引く費用があるときは，「総利益」という表現を使う。例えば，売上高（収益）から売上原価を差し引いて求める「売上総利益」がそうである。売上総利益からは，販売費及び一般管理費が差し引かれて，「営業利益」が計算される。

基本的な用語法としては，収益が総額概念，利益が純額概念として使われるが，企業会計原則などで実際に使われている用語法は，まちまちである。

例えば，「営業外収益」は，受取利息や有価証券売却益などであるから，純額で計上される。本来なら，「営業外利益」というべきであろう。しかし，「営業外」の項目には他に「営業外費用」がある。損益計算書では，営業利益に「営業外収益」を加え「営業外費用」を差し引いて「経常利益」を求めるために，いかにも「営業外収益」が総額概念であるかのように扱われている。

〔利得・稼得利益・留保利益〕

会計では，「利得」という言葉も使う。財務諸表の上では使わないが，例えば，資産を売却して得た利益のことを「資本利得（キャピタル・ゲイン）」というし，所有する資産の価格が上昇したときの「含み益」を「保有利得（ホールディング・ゲイン）」という。これも，純額概念である。

「稼得利益」とは，文字どおり「稼いで得た利益」であるから，狭い意味では，

企業がみずからの営業活動の結果，稼いで得た利益のことである。株主が払い込んだ資本（払込資本）を元手として稼いだ利益ということから「稼得資本」ともいう。

稼得した利益のうち，配当，納税，役員賞与の支払いに充てられた残りを，「留保利益」と呼ぶ。

他にも，繰越利益剰余金とか，利益準備金，利益処分，利益留保などといった，利益に関する用語がある。

利益留保

内部留保に同じ。社内に留保された利益を留保利益という。

利益留保性引当金

法律などの規定により，（本来は費用性のない項目を）費用として計上し，積み立てる引当金をいう。引き当て計上した分だけ費用が大きく計上され，報告される利益が小さくなる（つまり，利益が留保される）。

本来は，剰余金（利益）の処分により積み立てるべきものを，政策的な目的から，費用計上して利益を内部留保する。積み立てる方法が引当金と同じことから，利益留保性引当金の名が付いた。準備金という名称を使うこともある。例えば，（電力業における）渇水準備金，（保険業における）価格変動準備金など。 → 特別法上の引当金

利害関係者

株主，債権者，取引先など，企業に利害関係を持つ者を総称した言葉。狭義には，企業に直接的な経済的利害関係を持つ者をいう。広義には，課税当局，消費者，地域住民なども含める。株主をシェア・ホルダーというのに対して，利害関係者全体を，ステーク・ホルダー（stakeholder）ともいう。

→ ステーク・ホルダー

利害調整

　企業（株式会社）の所有者である**株主の利益**と，その企業に債権をもつ**債権者の利益**は，必ずしも一致せず，ときには対立することもある。

　株主と債権者の利害が一致するのは，大きな利益を上げたときとか，どこかから財産をただで貰うようなときである。こうしたときは，株主は，配当が増える可能性があるし，株価が上昇することも期待できる。債権者にしても，会社の利益や純財産が増えれば，債権の回収が楽になると期待できる。

　株主と債権者の利害が一致しないのは，会社が損失を出したり，株主がその権利を超えて利益や財産の分配を受けるときである。例えば，株主が，架空の利益を計上して配当に回そうとしたり，資産を水増ししたり，費用を計上しなかったりする場合である。

　いずれの場合も，株主にとっては都合がよいかも知れないが，債権者にしてみると，自分たちが提供した資金の返済財源が不当に減少することになり，不利益を被（こうむ）る。

　そこで，会計は，株主と債権者の利害の対立を防ぎ，両者の利害を調整するために，利益の計算や資産・負債の評価において，必要なルールを設けている。例えば，実現していない利益（未実現利益）を計上してはならない，資産を再評価しない，発生した費用は必ず計上する，収益と費用を期間対応させるなど，である。

　そうしたルールに基づいた利益の計算や資産の評価は，「当期の利益と将来の利益」を区分することにもなる。そのことから，会計には，「株主と債権者の間の利害を調整する機能」だけではなく，「現在の株主と将来の株主との間の利害を調整する機能」もあるとされる。

利息費用（退職給付）

　期首時点における退職給付債務（割引計算により算定）について，期末までの時の経過により発生する計算上の利息。

利息法(リース)

　各期の支払利息相当額を，リース債務の未返済元本残高に一定の利率を乗じて算定する方法である。当該利率は，リース料総額の現在価値が，リース取引開始日におけるリース資産(リース債務)の計上価額と等しくなる利率として求められる。

流動

　流動とは，言葉のとおり，姿・形が定まらず変化することをいい，会計では，現金預金，売掛金，原材料，部品，半製品，製品など，**短期的に他の資産に姿・形を変えるもの**を指している。現金なら，備品に変わることもあれば有価証券に変わることもある。製品や売掛金ならもうすぐ現金に変わるであろう。

　「流動性が高い」というのは，「現金に近い」という意味であり，支払手段となりうることを表しているのである。負債について「**流動**」という言葉が使われるのは，早期に返済・支払いをしなければならない買掛金，支払手形，短期借入金などに対してである。

流動性配列法

　貸借対照表の表示形式のひとつ。貸借対照表の左側(借方)は，現金から書きはじめ，**現金化する期間が短い順に，流動資産，固定資産の順に記載する。**右側の負債も**支払いの期限が近い流動負債からはじめ**，固定負債，自己資本(株主資本)の順に記載する。

　現在，多くの国では，原則として，**流動性配列法**を採用している。企業会計原則は，「資産及び負債の項目の配列は，原則として，流動性配列法によるものとする」(第三・三)としており，また，財務諸表等規則でも同様の規定をおいている(財規13条)。　→ **固定性配列法**

流動比率

企業が資金的にどれだけ安定しているか借入金や買掛金を返済する能力があるかどうか、これを知るには、普通、**流動比率**という指標を使う。流動負債は短期に返済すべき負債で、流動資産は、短期的に見た借金の返済財源である。

$$流動比率 = \frac{流動資産}{流動負債} \times 100 (\%)$$

目安としては、この比率が200％を超えているのが望ましいといわれている（200％テスト）。200％を超えていれば、中期（1年程度）的に見て、営業活動の資金繰りや借金の返済には困らないと考えられるのである。

流動・非流動法（外貨換算）

外貨建の項目、在外支店・在外子会社の外貨表示財務諸表を日本円に換算する場合、**流動性資産・負債については決算日の為替相場で換算し、非流動資産・負債については取引日の為替相場で換算する方法**である。現行の外貨建取引基準では採用されていない。

臨時計算書類

株式会社が、最終事業年度の直後の事業年度に属する一定の日（臨時決算日という）における財産の状況を把握するために作成するもので、臨時決算日における貸借対照表および臨時決算日が属する事業年度の初日から臨時決算日までの期間に係る損益計算書をいう（会社法441条）。臨時計算書類は、備え置き閲覧等の対象にはなる（会社法442条）が、公告の対象にはならない（会社法440条）。

会社法においては、事業年度中に何回でも剰余金の配当を行うことが可能になった。そうしたことから、剰余金の配当を行う前に臨時計算書類を作成することが考えられる。一定の会社では**監査**を必要とし、**総会の承認**が必要（例外

あり）である。この臨時決算をすれば，臨時決算日までの損益を剰余金の配当等における分配可能額に含めることができる（会社法461条2項2号ロ）。なお，分配可能額の財源規制を事前にチェックして，問題がなければ，臨時計算書類を作成する必要はない。

臨時決算日

　会社法においては事業年度中に，いつでも，何回でも剰余金の配当をすることが可能になった。そのために，翌期の一定の日を臨時の決算日（臨時決算日）として，期首から臨時決算日までの期間の損益計算書を作成（会社法441条）し，その損益を剰余金の配当等における分配可能額に含めることができる（会社法461条2項2号ロ）。臨時決算によって剰余金の額は変動しないが，分配可能額だけは変動する。臨時決算をした場合には，臨時決算日までに処分した自己株式対価額は分配可能額に加算される（会社法461条2項2号ロ）。

臨時償却・評価減

　固定資産の帳簿価額を臨時的に減額する会計処理のひとつ。減損処理と似ているが，以下のような違いがある。臨時償却は，固定資産の減価償却において採用されている耐用年数や残存価額が，予見することができないような原因等によって，著しく不合理となった場合に，耐用年数を短縮したり残存価額を修正したりして，一時的に減価償却累計額を修正することをいう。この処理は，減損会計のように，固定資産の収益性の低下を帳簿価額に反映させることを目的としたものではない。

　なお，固定資産の価値減少（減価）は，必ずしも，すべてを公式に盛り込むことはできない。予測できない原因で価値を失うこともあるからである。予測ができる範囲の価値減少に対しては減価償却を行い，予測ができない原因で価値が減少する場合には，臨時償却や評価減を行う。

〔れ〕

連結計算書類

　連結貸借対照表，連結損益計算書，連結株主持分計算書，連結注記表をいう（計算規則93条）。旧商法特例法では，この法律に基づく連結計算書類を作成することができる株式会社は大会社に限られていた。そのために，例えば，証券取引法における開示規制に基づいて証券取引法上の連結財務諸表を作成している会社であっても，商法特例法にいう大会社に該当しない限り，商法特例法上の連結計算書類の作成・監査・報告手続きに関する規定は適用されなかった。

　会社法では，会計監査人設置会社であれば，連結計算書類を作成することができること（会社法444条1項），また，証券取引法上の有価証券報告書を提出しなければならない大会社については連結計算書類の作成義務を課すことにしている（会社法444条3項）。

　連結計算書類を作成することができる株式会社を会計監査人設置会社に限定しているのは，この種の会社の会計監査人になるには，証券取引法上の連結財務諸表について専門的知識を持っている公認会計士・監査法人に限定されているからである。

連結配当規制

　連結計算書類を作成することができる会計監査人設置会社においては，配当規制についても連結ベースの規制を受けることができる（計算規則186条4号）。

連続意見書

　企業会計審議会（当初は，企業会計制度対策調査会）が発表した「企業会計原則と関係諸法令との調整に関する連続意見書」のこと。企業会計原則と（当時の）商法，税法，財務諸表規則などとの調整を図る目的で，第1から第5までの意見書が公表された。

　連続意見書は，日本の企業会計を大きく改善するのに貢献したと評価されている。そのうち，現在でも，以下の3つは，現在の会計実務においても重要な指針を提供していることから，公認会計士試験，税理士試験などでも内容が出題されることがある。

> 連続意見書第3「有形固定資産の減価償却について」
> 連続意見書第4「棚卸資産の評価について」
> 連続意見書第5「繰延資産について」

　その後，その時々の会計実務の重要な問題について，個別の意見書が公表されている。これらの個別意見は，企業会計審議会が設定する会計基準に反映され，現在は，歴史的な資料としての意義しか有しなくなった。

〈ろ〉

ローマン・ルフチ効果

　固定資産は，適当なメンテナンスを行っていれば，除却されるまでほぼ同じ機能を果たすであろう。そこで，**減価償却を通して回収される資金**を直ちに**固定資産に再投資**すれば，新たな資金を投入することなく，固定設備の拡大を図ることができることになる。こうした財務効果を「ローマン・ルフチ効果」という。

〔わ〕

割引発行
社債などをその額面価額を下回る金額で発行すること。社債の場合，額面金額と発行価額との差額を**社債発行差金**という。　→ **社債発行差金**

☆ 著者のプロフィール ☆

田 中　弘（たなか　ひろし）
神奈川大学教授・商学博士（早稲田大学）

1943年札幌に生まれる。
早稲田大学商学部を卒業後，同大学大学院で会計学を学ぶ。貧乏で，ガリガリに痩せていました。博士課程を修了後，愛知学院大学商学部講師・助教授・教授。
この間に，学生と一緒に，スキー，テニス，ゴルフ，フィッシングを覚えました。
1993年より　神奈川大学経済学部教授。
2000年－2001年ロンドン大学（LSE）客員教授。
公認会計士2次試験委員，大蔵省保険経理フォローアップ研究会座長，
郵政省簡易保険経理研究会座長，保険審議会法制懇談会委員などを歴任。

日本生命保険相互会社総代・業務監視委員
横浜市監査事務局委員会委員
英国国立ウェールズ大学経営大学院（東京校）教授（非）
日本アクチュアリー会客員
Eメール　akanat@mpd.biglobe.ne.jp

最近の主な著書
『会計学の座標軸』税務経理協会，2001年
『原点復帰の会計学―通説を読み直す（第二版）』税務経理協会，2002年
『管理職のための新会計学』税務経理協会，2002年
『不思議の国の会計学―アメリカと日本』税務経理協会，2004年
『財務諸表論の学び方―合格答案を書く技法』税務経理協会，2006年
『新財務諸表論（第3版）』税務経理協会，2007年
『基礎からわかる経営分析の技法』（共著）税務経理協会，2008年
『時価主義を考える（第3版）』中央経済社，2002年
『経営分析―会計データを読む技法』中央経済社，2003年
『時価会計不況』新潮社（新潮新書），2003年
『会社を読む技法―現代会計学入門』白桃書房，2006年

著者との契約により検印省略

| 平成20年7月10日　初版第1刷発行 | 財務諸表論を学ぶための
会計用語集 |

著　者　　田　中　　　弘
発行者　　大　坪　嘉　春
製版所　　税経印刷株式会社
印刷所　　税経印刷株式会社
製本所　　株式会社　三森製本所

発行所　〒161-0033 東京都新宿区　　　株式　税務経理協会
　　　　下落合2丁目5番13号　　　　　会社
　　　　振替　00190-2-187408　　　電話(03)3953-3301(編集部)
　　　　ＦＡＸ(03)3565-3391　　　　　　(03)3953-3325(営業部)
　　　　ＵＲＬ　http://www.zeikei.co.jp/
　　　　　　　乱丁・落丁の場合は、お取り替えいたします。

© 田中　弘 2008　　　　　　　　　　　　　　Printed in Japan

本書を無断で複写複製(コピー)することは、著作権法上の例外を除き、禁じられています。本書をコピーされる場合は、事前に日本複写権センター(ＪＲＲＣ)の許諾を受けてください。

JRRC〈http://www.jrrc.or.jp　eメール：info@jrrc.or.jp　電話：03-3401-2382〉

ＩＳＢＮ978-4-419-05067-2　C1063